Domestic Implementation of
International Treaties

条约的
国内适用方式研究

李晓丽／著

人民法院出版社

图书在版编目（CIP）数据

条约的国内适用方式研究 / 李晓丽著. — 北京：人民法院出版社，2020. 11

ISBN 978-7-5109-2967-0

Ⅰ. ①条… Ⅱ. ①李… Ⅲ. ①国际条约-适用性-研究-中国 Ⅳ. ①D816②D82

中国版本图书馆 CIP 数据核字（2020）第 204658 号

条约的国内适用方式研究

李晓丽 著

策划编辑 李安尼
责任编辑 邓 灿
封面设计 棋 锋
出版发行 人民法院出版社
地 址 北京市东城区东交民巷 27 号（100745）
电 话 （010）67550691（责任编辑） 67550558（发行部查询）
65223677（读者服务部）
客服 QQ 2092078039
网 址 http://www.courtbook.com.cn
E - mail courtpress@sohu.com
印 刷 河北鑫兆源印刷有限公司
经 销 新华书店

开 本 787 毫米×1092 毫米 1/16
字 数 155 千字
印 张 12.75
版 次 2020 年 11 月第 1 版 2020 年 11 月第 1 次印刷
书 号 ISBN 978-7-5109-2967-0
定 价 45.00 元

前 言

全球一体化趋势和中国国际化发展战略推动了中国的国际交往和国际关系的深入和复杂化，条约作为调整国际交往的重要手段，在国际上发挥着越来越重要的作用。1946 年至 2006 年，在联合国登记的条约达 158 000 余项，公布这些条约的《联合国条约集》（United Nations Treaty Series）则多达 2200 余卷。[①] 条约的实际数目要远远地大于这个数，条约规定的领域和范围也涉及国际社会的方方面面。

广义的条约适用可区分为在国际层面的适用和在国内层面的适用。在国际层面上保障条约实施的手段和力度都是有限的，条约签订与批准后在各国国内得到适用，是各国签订条约的目的实现的最终保障。本文致力于讨论条约在国内的适用。广义的条约适用包括条约的接受和适用两个部分，狭义的条约适用范畴将条约的接受排除在外，将条约的接受作为条约适用的先决程序。本文条约的适用方式是在狭义的条约适用范畴内的研究。但因条约适用方式的选择与条约接受方式休戚相关，因而本文不可避免地对条约接受问题也进行了一定的整理和探讨。

条约通过什么样的条约适用方式在国内适用，是每个国家国内法都必须考虑和解决的理论和实践问题。条约的直接适用和间接适用是条约

① See United Nations Treaty Collection, http://treaties.un.org/Pages/Overview.aspx?path=overview/overview/page1_en.xml, visited on May 25, 2015.

适用的两种主要适用方式，同一项国际条约有的国家会采取直接适用的方式，有的国家会采取间接适用的方式，究竟采取哪一种条约适用方式是由各个国家的国内法决定的。国家对于条约适用方式的选择，对条约适用的效果有重要的影响。因而对条约的直接适用与间接适用进行研究和比较，是对条约适用方式作出选择的前提。

条约的种类繁多，涉及的领域也非常广泛，对一个国家来说，采取单一的条约适用方式并不是一个明智之选，事实上，在实践中即使通过宪法或判例法确立了条约直接适用或间接适用制度的国家，在适用条约时往往也都有例外。非常多的国家在条约适用制度上兼收并用两种条约适用方式，最为典型的国家如美国。两种条约适用方式在一国国内并存，有利于国家根据条约的特征、类别以及国家政治选择的需要来对条约适用方式作出合理的选择，但又增加了条约在一国国内适用方式的不确定性。在一国国内如何区分条约以选择合理的条约适用方式，在国内确立相对科学的条约适用方式，是研究条约适用方式的一个重要课题。

我国没有建立系统的条约适用制度。宪法没有对条约的适用制度作出规定，条约的适用都散见于国内法的法条中。这些法条没有建立起确定的条约适用模式，可能会导致立法和司法实践中存在不一致，甚至相互矛盾。在中国建立起适合我国国情的条约适用方式制度，明晰条约的适用方式，是我国承担履行条约义务与国内制度建设的必然要求。也是本书的研究目的和意义所在。

作者

2020 年 11 月

目 录

第一章 条约适用方式概述 / 1

第一节 条约适用概述 / 3

一、条约的界定 / 3

二、条约适用的概念 / 7

三、条约适用的必要性 / 10

第二节 条约适用方式的定义及与相关概念辨析 / 17

一、条约适用方式的定义和类型 / 17

二、条约接受方式与条约适用方式的关系 / 18

第二章 条约的直接适用 / 25

第一节 条约直接适用概述 / 27

一、条约直接适用与纳入、自动执行的辨析 / 28

二、直接适用的条约的性质 / 29

第二节 条约直接适用的国内法依据 / 30

一、宪法规定条约的直接适用 / 30

二、宪法规定条约在一国国内的法律地位 / 32

三、宪法规定条约适用的冲突规则 / 36

四、宪法单独规定某一类别条约的实施规则 / 37

第三节　直接适用条约的确定标准 / 41
一、美国自动执行条约的标准 / 43
二、荷兰、瑞士、法国等国家的自动执行条约制度 / 50
三、条约直接适用标准的影响因素 / 56

第三章　条约的间接适用 / 61

第一节　条约间接适用概述 / 63
一、条约间接适用的定义 / 63
二、间接适用的条约与从条约转化而来的国内法的关系 / 64
三、条约间接适用的原因 / 65
第二节　条约间接适用的国内法依据 / 67
一、宪法规定条约的间接适用 / 67
二、其他国内法规定条约的间接适用 / 68
三、判例法确定条约的间接适用 / 69
第三节　条约间接适用的两种模式 / 70
一、条约的非自动执行——以美国为例 / 70
二、采用转化接受方式的条约的间接适用——以英国、意大利为例 / 73
第四节　条约间接适用的技术性问题 / 78
一、条约转化立法与条约间接适用立法的立法方式 / 78
二、符合条约要求的国内履约立法标准 / 81

第四章　条约适用方式的补充——条约的参照适用 / 83

第一节　条约参照适用的概念 / 85
第二节　条约参照适用的特征 / 87
一、参照适用应为适用国法院或案件当事人为解决有关事项而主动

寻求相关国际法律依据，系主动为之而非被动接受 / 87
二、参照适用的是条约的某项具体条款或内容，而非条约的全部内容，具有具体化和偶然性的特征 / 89
三、参照适用的对象是条约，而并非国际习惯法 / 90
第三节 条约参照适用的条件 / 91
一、适用国不是拟参照适用条约的缔约国、加入国，或者拟适用条约尚未在适用国国内生效 / 91
二、适用国缔结、加入的条约对相关事项没有规定且适用国国内法对相关事项的具体规定不明确、不具体 / 92
三、参照适用的条约具体内容应具有明确性、普遍接受性 / 93
四、参照适用的条约不得违反我国社会公共利益或法律、行政法规的强制性规定 / 94
第四节 条约参照适用的作用 / 95

第五章 条约在中国的适用方式及存在的问题 / 99

第一节 条约在中国直接适用的国内法依据 / 101
一、法律规定条约的直接适用 / 101
二、法规和规章规定条约的直接适用 / 107
三、司法解释规定条约的直接适用 / 111
第二节 条约在中国直接适用的实践 / 114
一、条约在中国法院直接适用的数据及分析 / 114
二、中国法院直接适用条约的典型案例 / 123
第三节 表明条约在中国间接适用的国内法条款 / 128
一、表明条约在中国间接适用的法律条款 / 128
二、表明条约在中国间接适用的法规、规章条款 / 129
三、表明条约在中国间接适用的司法解释条款 / 131

第四节　条约在中国间接适用的立法方式及实践 / 132
一、间接适用的条约在中国的立法方式 / 132
二、民商事条约在中国的间接适用 / 133
三、刑事条约在中国的间接适用 / 136
四、人权条约在中国的间接适用 / 138
第五节　条约在中国的适用方式存在的问题 / 142
一、中国现行宪法缺少条约适用的相关规定 / 142
二、条约在中国直接适用的国内法依据存在的问题 / 144
三、中国法院直接适用条约存在的问题 / 146
四、条约在中国间接适用存在的问题 / 148

第六章　条约适用方式评析及对中国的启示 / 151

第一节　世界各国宪法对条约适用规定的分析 / 153
一、条约接受方式评析及对条约适用方式的影响 / 153
二、条约适用方式评析 / 158
第二节　条约适用方式的比较与选择依据 / 164
一、条约直接适用与间接适用优劣势分析 / 164
二、影响条约适用方式选择的因素 / 169
第三节　中国条约适用方式法律制度构建 / 173
一、完善宪法关于条约适用的规定 / 173
二、建立区分直接适用与间接适用的条约制度 / 176
三、规范条约适用方式的补充——条约的参照适用 / 181

参考文献 / 184

第一章　条约适用方式概述

条约在一国国内得到适用是一国承担国际义务的必然要求，采取合理的条约适用方式有利于维护一国国内法律体系的完整性和科学性。细分并研究条约适用方式的种类和优劣，有利于提高中国适用条约的能力、避免国际法与国内法的冲突。在国家承担条约义务和维护国内法律体系的完整性上都起着重要作用。条约的适用是国际法与国内法关系中一个非常重要的方面，实践中主要的两种适用方式是直接适用和间接适用，另外还有参照适用作为补充。

第一节　条约适用概述

一、条约的界定

要研究条约的适用方式问题，首先需要厘清条约的概念。对于条约的概念，《维也纳条约法公约》第 2 条对条约作出了定义：国家之间以国际法为准而缔结的书面协定，不管该协定是载于一项还是两项以上的文书之中，也不管该协定的名称是什么。[①] 日本学者寺泽一对条约的定义是："条约是国际法主体（国家、国际组织、交战团体）之间达成的、产生一定国际法效果（国际法权利义务的产生、修改和消灭）的

① Vienna Convention on the Law of Treaties，载 https：//treaties. un. org/doc/Publication/UNTS/Volume%201155/volume-1155-I-18232-English. pdf，最后访问时间：2015 年 1 月 13 日。

国际协议。”① 周鲠生先生认为：“条约是国家间关于它们的相互权利和义务关系的书面形式的协议。”② 根据以上对条约所下的定义，条约应具备以下几个基本要素：一是国际法主体之间缔结的；二是确定缔约方权利和义务关系的；三是书面协议。

条约是缔约主体合意的体现，具有国际性的特征，基于此，很多著作中将条约称为“国际条约”。条约是一个一般性称谓的概念，在国际法上有拘束力的国际法协定都应该包括在内，且可归为条约的这些法律文件的名称也各不相同。条约常用的名称有：盟约（covenant）、规约（statute）、宪章（charter）、公约（convention）、议定书（protocol）、协定（agreement）、换文（exchange of notes）、商事议事录（agreed minutes）、宣言（declaration）、联合公报（joint communique）、联合声明（joint declaration）、谅解备忘录（memorandum of understanding）等。

一般情况下，条约采用上述何种名称，取决于条约规定事项对一国的重要性以及该国国内法律关于条约批准程序的要求。国际组织的组成文件一般使用宪章和规约，涉及重大事项而且国内批准程序较为复杂的一般使用条约和公约，规定较为具体并且批准程序不复杂的往往适用其他的名称。③ 条约采用何种名称不是决定条约性质的关键，这是 1969 年公约的基本立场。④ 条约使用何种名称只是大概地区分了条约的重要程度，在实践中这种区分并不严格。

同样的名称有的是条约，有的则不是。大部分的联合声明不被视为条约，但也有例外。《中英关于香港问题的联合声明》，虽然使用的是

---

① ［日］寺泽一、山本草二主编：《国际基础》，朱奇武等译，中国人民大学出版社 1983 年版，第 47 页。

② 周鲠生：《国际法（下册）》，武汉大学出版社 2007 年版，第 591 页。

③ 徐光明：《国际私法条约在我国法院的适用》，武汉大学法学院 2012 年学位论文。

④ 朱文奇、李强：《国际条约法》，中国人民大学出版社 2008 年版。

联合声明，但其条约的性质却毋庸置疑。我国香港特别行政区高等法院在“唐平海诉律政司长”一案中，肯定了《中英关于香港问题的联合声明》的条约性质，认为该声明无论是从标题还是从内容都清楚地表明它是条约。① 美国将“谅解备忘录”视为条约，而其他大多数的国家都不认为其是条约，这也容易因条约名称而造成混乱。

判断不同名称的某一个文件是否是条约，不能只看名称。采用这类名称的国际文书有时构成条约，有时不是。是否构成一项条约，不能只看其采取何种称谓，而是应该具体分析看这项条约是否具备以下特征：

（一）两个或两个以上国际法主体

《1969 年维也纳公约》对条约的定义是指“国家间所缔结而以国际法为准之国际书面协定”。② 也就是说，国家是条约的缔结主体。那么其他的国际法主体比如国际组织能否成为缔结条约的主体呢？国际法委员会曾对此问题进行研究，最终将条约规定为国家之间签订的协议。③但国际法委员会同时也指出，不影响国家与其他国际法主体及其他国际法主体之间签订的协议的效力。④

在实践中，出现了国家和国际组织之外的主体成为条约缔约主体的情况，比如在世贸组织规定中，我国香港特别行政区和我国台湾地区等可以成为缔约方，这种情况首先需要国家的授权，还得在条约允许非国际法主体可以缔结才能成立。

个人不能缔结条约。在 1952 年的“英伊石油公司案”中，国际法

---

① Tang ping-Hoi, Attorney General. HkLR, 1987: 324.

② 载中国人大网：http://www.npc.gov.cn/wxzl/gongbao/2000-12/07/content_5003752.htm，最后访问时间：2015 年 3 月 22 日。

③ UN Doc. A/6009, p. 159.

④ UN Doc. A/6009, p. 159.

院明确指出个人与国家缔结的协议不是条约，而是国家契约。①

条约缔结的国际法主体应是两个或者两个以上，单独一个国际法主体属于单方面声明，无法构成条约。

（二）意思表示一致

国际法主体进行条约签订和批准的过程是条约双方或多方意思表达一致的表现，没有共同的意思表示，条约也就无法成立。

（三）创设国际法上的权利义务

条约各方应具有创设国际法上的权利义务的意思，这是区别能否构成条约的关键因素。国际法主体之间如果只是达成了一定的意思一致，如“君子协定”，虽然在形式和影响上类似于条约，但因为没有创设权利义务的意图，不构成缔约各方之间的法律，从而不构成条约。所以说，是否创设权利和义务，是判断是否具有条约性质的重要标准之一。国际法著名学者李浩培先生认为条约是：“至少两个国际法主体意在原则上按照国际法产生、改变或废止相互间权利义务的意思表示的一致。”②

国际法主体间的协定名称多样，但必须具备以上要件才能构成一项条约。国际惯例和国际习惯，尤其是国际习惯也涉及在国内的适用问题，但不是本书的研究对象，本书研究的适用方式的对象就是符合以上要件的条约。

① Anglo-Iranian Oil Co.（United Kingdom v. Iran），载 http://www.icj-cij.org/docket/files/16/1999.pdf，最后访问时间：2015 年 3 月 22 日。

② 李浩培：《条约法概论》，法律出版社 2003 年版，第 3 页。

二、条约适用的概念

条约适用方式的研究还需要明确什么是条约适用，以地域范围为标准，条约适用可区分为在国际层面的适用和在国内层面的适用。缔约国无论是在国际层面的适用还是在国内层面的适用都是基于条约的要求，是根据条约应该承担的义务，条约在国际层面上的目的以及条约宗旨的实现依赖于一定的国际措施来保证，包括建立国际机构等。

条约在国内层面的适用，是国家签署并批准条约后，承担条约义务，以确保在其管辖范围内实现特定条约所载一切权利的过程。[①] 条约在国内层面适用，是有约必守的要求。“国家必须采取一定的国内法措施以避免国际责任的产生，使国内法能够与国际条约相一致，在一国国内执行国际条约，从而使国家承担的国际义务可以得到履行。”[②] 在实践中，各国会采取一系列的措施来保障条约的适用，关于条约的适用，大多数国家的宪法和法律也会作出具体性或原则性的规定。条约在国际层面和国内层面得到适用，才能保证条约目的的最大化实现，本书所指的条约适用是指条约在国内层面的适用。

条约适用的定义可分为广义的条约适用和狭义的条约适用，[③] 广义上的条约适用就是指条约执行。[④] 是指一国国内立法、司法和行政机关以一定的方式使其本国承担和执行在国际条约上规定的相应义务。[⑤] 根

---

① 《关于促进对〈残疾人权利公约〉的认识和了解的专题研究》，载联合国人权高级专员办事处网站，最后访问时间：2009 年 1 月 26 日。

② 王勇：《条约在中国适用之基本理论问题研究》，北京大学出版社 2007 年版，第 60 页。

③ 万鄂湘主编：《国际法与国内法关系研究——以国际法在国内的适用为视角》，北京大学出版社 2011 年版，第 233 页。

④ 李浩培：《条约法概论》，法律出版社 2003 年版，第 313 页。

⑤ 张晓东：《也论国际条约在我国的适用》，载《法学评论》2001 年第 6 期。

据该定义，条约在国内的适用，立法机关、行政机关以及司法机关都在各自职权范围内承担适用条约的义务。

广义的条约适用将这个问题分成三个方面，如美国杰克逊教授也将条约的适用问题分为以下三个方面：（1）条约是否可以直接纳入一国国内法予以适用的问题；（2）条约的可援用性问题，具体来说，就是国内机关或者有关个人，是否可以在国内法院直接援引条约进行诉讼；（3）冲突解决问题，也即条约的法律位阶问题，在条约和国内法发生冲突的情况下，何者优先。① 杰克逊教授所说的上述问题，虽然在术语上可能有所不同，但是也可归结为条约接受方式、条约适用方式以及条约的冲突解决问题。古祖雪教授认为条约在国内适用涉及以下三个方面：（1）如何将条约接受成为国内法。（2）接受条约为国内法之后，怎样解决条约与其他国内法之间的冲突。（3）被接受为国内法的条约，要在国内予以适用是否需要国内的补充立法才可以。他认为这三个问题既相互联系又相互区别，各国根据本国的国内法作出不同的实践，条约因为内容和性质的不同也有不同的要求，不能把它们混为一谈。②

由上可见，广义的条约适用可概括为以下三个部分：（1）条约的接受问题；（2）条约的适用方式问题；（3）条约与国内法的冲突解决问题。条约的适用方式问题和条约与国内法的冲突解决问题都是条约适用的范畴。广义的条约适用应与条约的实施、条约的执行同义，因而广义的条约适用也可归结为包括条约的接受和狭义的条约的适用两个部分。

条约适用狭义的定义是："拥有司法权的司法人员和国家机关，根

---

① John H. Jackson, The Jurisprudence of GATT and the WTO-Insights on Treaty Law and Economic Relations, Oxford: Cambridge University Press, 2000: 301~304.

② 古祖雪：《再论条约的国内适用——兼析中国的实践》，载 http: //www. ielixmu. org/showresear. asp? Pid=86，最后访问时间：2006 年 4 月 1 日。

据法定的职权以及法定的程序，把条约及根据条约制定的国内法应用于审判案件的活动。”① 德国学者沃尔夫冈·格拉夫·魏智通将条约适用问题分为条约的效力、条约的可适用性两个方面，他认为，条约要在国内得以适用的前提是在国内具有效力，但可在国内得以适用不是条约在国内具有效力的必要条件。② 魏智通的观点将条约的适用分成了条约的接受和条约的可适用性两个问题，条约在国内的接受是条约获得国内法效力的过程。如无特殊说明，本书中所指的条约适用是指狭义上的条约适用。广义条约适用与狭义条约适用的关系如图 1 所示：

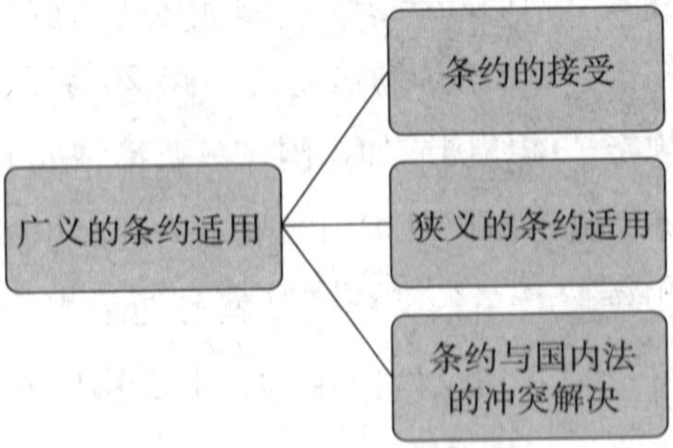

图 1 广义条约适用与狭义条约适用的关系

狭义的条约适用范畴将条约的接受排除在外，将条约的接受作为条约适用的先决程序（下文将对此问题进行详细的辨析）。但因条约适用方式的选择与条约接受方式休戚相关，因而本书不可避免地对条约接受问题也进行了一定的整理和探讨。

① 李步云主编：《法理学》，经济科学出版社 2000 年版，第 606 页。

② ［德］沃尔夫冈·格拉夫·魏智通主编：《国际法》，吴越、毛晓飞译，法律出版社 2002 年版，第 130~131 页。

三、条约适用的必要性

条约在国内如何得到适用是各国都要面临的一项重要的课题，世界各国都对条约在其国内的适用采取了相应的措施。为什么条约一定要在国内得到适用呢？即条约适用的必要性。条约需要在国内得到适用主要是基于以下几项原因。

（一）履行条约的义务

条约必须遵守是一项国际法原则，国际法的理论和实践都要求缔约国应遵守国际条约。《维也纳条约法公约》第 26 条、第 27 条对履行条约的义务作出了规定。缔约国或加入国，只要缔结或加入条约，就应该善意履行条约义务，且不得以其国内法规定为理由拒绝履行条约。如果缔约国或加入国拒绝履行条约义务，其就可能承担国际法上的国家责任。如果缔约国可以肆意违反国际条约，那么国际社会秩序就无法维持，国际关系也将陷入一片混乱。

包括条约在内的国际法的遵守问题从国际法产生时起就困扰着国际法、国际关系乃至政治学者。这种困扰根源于国际法所依存的国际社会的无政府性。如果国际社会不存在任何高于国家的权威，为何政府要遵守他们相互间制定的法律呢？正如基欧汉（Keohane）所指出的，遵守的困境在于追逐自身利益的政府为何会遵守甚至不体现其眼前利益的规则。[①] 不同的学者对这一问题作了截然不同的回答。

马基雅维利认为，当一位英明的统治者在遵守诺言会发生对自己不利的情况的时候，或自己原来作出诺言的理由已经不复存在的时候，不

① See R. Keohane, After Hegemony: Cooperation and Discord in the World Political Economy, Princeton: Princeton University Press, 1984: 99.

应该也绝不能够遵守诺言。[①] 像马基雅维利所述的政府不应该在国际法已不再符合自身利益或条件已变化时还继续遵守国际法这一类原则也为在他之后的许多学者所赞同，并影响了近代的情势变迁原则。不过，马基雅维利还认为，如果人们是诚实和守信的，则君主也应该如此。但他们并非如此，因此君主信守其承诺将是愚蠢的。因此，马基雅维利实际上还有相互性（reciprocity）的观念。对马基雅维利而言，人的本性决定了相互性不能为保障政府遵守其诺言提供有效的机制。在他之后的很多学者同样考虑到了相互性，认为相互性能够提供一种可靠的执行模式以迫使国家遵守规则。

与马基雅维利不同，格劳秀斯（Grotius）表达了对国际法的另一种看法。他认为，统治者相互间签署的协定应该得到尊重并善意履行。[②] 这一信条奠定了现代国际法的原则——约定必须遵守的理论基础。格劳秀斯至少讨论了为什么国际协定应予遵守的三项原因。首先，它们在法律上和道德上是有拘束力的。这一原则源于格劳秀斯坚信“信守约定是一项自然法规则”。[③] 其次，国际协议是为相互同意所订立的。它们的自愿性质使它们是合法的并有拘束力的。最后，遵守国际协定一般会符合国家的长远利益。他明确写道，“对自然法与国际法的违反会使自身的未来幸福和安定缺乏保障”。[④] 不过，格劳秀斯也提到了国家应遵守法律这一原则的几项例外，例如，当协定是在非法的环境下缔结的或另一方明显不遵约时，国家可以不遵守法律。[⑤] 但总体上看，对格劳秀斯而言，自然法原则、相互同意和长远利益促使国家应该信守承诺。

---

① ［意］马基雅维利：《君主论》，李蒙译，上海三联书店2006年版，第89~90页。

② See Hugo Grotius, The Rights of War and Peace. Liberty Fund, Inc., 2005: 848.

③ See Hugo Grotius, The Rights of War and Peace. Liberty Fund, Inc., 2005: 848.

④ See Hugo Grotius, The Rights of War and Peace. Liberty Fund, Inc., 2005: 95.

⑤ See Hugo Grotius, The Rights of War and Peace. Liberty Fund, Inc., 2005: 848.

霍布斯（Hobbes）关于主权、自然状态和相互约定的观念对我们理解遵守问题也有重要意义。一方面，主权民族国家的出现至少在理论上对国家间关系是有利的。除了避免在自然状态中的“孤独、贫困、卑污、残忍而短寿”的生活[①]并取得直接追逐共同利益的活动能力之外，个人还能在当他们把权力转交给主权者时从其他国家那里得到保护。这直接导致了构成现代国家体系和国际法基石的重要原则——主权和不干涉。对霍布斯来说，这些原则对保障国家间的和平是至关重要的。另一方面，霍布斯的一些论断也给国际法带来了困扰。即使我们不接受国际体系类似于霍布斯的自然状态这一观念，但一个执行国际法的最高权威的缺乏确实是个问题。就像霍布斯所说，“如果没有武力，那么信约就只是一纸空文，将完全没有力量保障人们的安全”，[②]“没有共同权力的地方就没有法律”。[③]

国际法是否真的完全能够被认为是法律呢？如果我们采纳奥斯汀（Austin）的法的定义，亦即“一项主权者的命令，并以制裁威胁为后盾”，[④] 则很明显国际法不是法律。但是，很多学者并不认同这一观点。哈特（Hart）就认为，一个集中的执行者的存在并不是区别是否是法律制度的关键，而应该是初级规则（直接设定权利义务的规则）和次级规则（关于规则的规则）的结合。因此，在他看来，国际法是足够的类似于国内法的。[⑤] 与哈特一样，布尔（Bull）虽也赞同一个权威的执行者的缺乏对国际法的功效有重大影响，但国际法仍应被认为是法。其根本的原因在于，国际法的执行者国内法院与国际法院以及政治家和外

① See Hobbes, Leviathan. Oxford: Oxford University Press, 1909: 99.

② See Hobbes, Leviathan. Oxford: Oxford University Press, 1909: 128.

③ See Hobbes, Leviathan. Oxford: Oxford University Press, 1909: 96.

④ ［英］奥斯汀：《法理学的范围》，刘星译，中国法制出版社 2002 年版，第 23 页。

⑤ ［英］哈特：《法律的概念》，张文显等译，中国大百科全书出版社 1995 年版，第 233 页。

交官他们都承认国际法就是法律规则，并在实践中将国际法作为自己的行为基础。[1] 摩根索（Morgenthau）也承认国际法是法，他明确写道，“否认国际法完全没有拘束力是与所有的证据相悖的”。[2]

不管条约的接受方式是纳入还是转化，条约最终都要在国内予以遵守。正如奥本海所说：“虽然各国的程序法不一样，但一切国家基本上都取得了这样的实践结果，即按照国际法的要求使国际法在国内具有效力。”[3]

在条约中，通常会规定，缔约国应采取有效措施，包括立法、行政、司法以及其他措施，以防止和惩治侵犯各人权条约规定的情形发生在缔约国领土或者管辖范围内。并且会规定一些具体的条款赋予缔约国承担条约执行的义务。例如，《禁止酷刑和其他残忍、不人道或有辱人格的待遇或处罚公约》《经济、社会及文化权利国际公约》《公民权利和政治权利国际公约》等条约中都规定了相似的条款，以要求缔约国按照条约规定采取措施，以保障条约实施，实现条约目的。

条约中经常会使用相对模糊的措辞和语言，这是缔约国为了减损或迟延履行国际条约义务。例如上述《禁止酷刑公约》规定“缔约国应当采取……的措施”，采用“应当（shall）”一词的表述来表达肯定的含义，显得相对柔性。与人权领域确定的、严格的责任性质不甚相符，另外使用采取措施防止（take to prevent）的措辞也与人权条约严格的责任和确定的承诺不相匹配。

出现这种情况是因为，人权条约如若想要在最大程度上保障人权，

---

① ［英］郝德利·布尔：《无政府社会：世界政治秩序研究》，张小明译，世界知识出版社 2003 年版，第 108 页。

② See H. Morgenthau，Politics among Nations，McGraw-Hill，1948：255.

③ ［英］哈特：《法律的概念》，张文显等译，中国大百科全书出版社 1995 年版，第 233 页。

在最大范围里产生影响，缔约国的数量至关重要。但由于各种原因，条约若赋予国家承担严格责任的国际义务的话，国家多数不愿承担。如果条约采用相对弹性的措辞，更易于得到更多国家的支持。例如《禁止酷刑公约》第2条，瑞典最初提交了要求国家“承诺确保（undertake to ensure）不发生酷刑或其他残忍、不人道或有辱人格的待遇或处罚的草案”。[①] 这种表述遭到了某些国家代表的强烈反对，为争取更多国家的支持，瑞典将本条作了修改：“采取有效措施防止发生酷刑行为”，这一修改随即被工作组接受。这说明在人权领域，国家喜好允许其享有某种程度的自由的弹性语言，采取弹性语言并非表明国家不需要承担法律义务，而只能说明国家不愿意承担严格的责任或不愿意作出可能难以实现的承诺。[②]

缔约国或加入国对条约义务的履行，既有积极作为的履行，也有不作为的履行。对于前一种情况而言，履行条约义务的时间要求也是一个重要的问题，条约的适用是必须“即刻适用”还是可以“渐进适用”，即缔约国缔结条约后，是应当立即采取措施适用，还是可以在一定程度上延缓适用条约的时间。

按照国际法的一般规则，国家自条约对其生效之日起就有义务适用国际条约的条款，除非条约作了其他的规定。但是以合理的速度适用条约的行为并不应该被禁止，国际法规则并没有明文规定来禁止这种实践，如果缔约国以合理的速度采取措施执行条约，在此过程中，如果认为其违反了国际法，这显然不符合条约的目的。由此，在一定程度上延缓条约适用的时间是必需的也应是被允许的，如果可以在一定程度上延缓条约的适用时间，那么延缓多久是合理的？对此，国际法上没有明确

① The Report of the Commission on Human Rights, UN. Doc. E/CN. 4/SR 236, 1951: 8.

② 万鄂湘主编：《国际法与国内法关系研究——以国际法在国内的适用为视角》，北京大学出版社2011年版，第237页。

的规定，但是一国不能够援引此项理由来不履行其承担的条约义务。

履行条约义务问题还包括履行条约义务的领土范围，《欧洲人权公约》起草时，起草专家委员会认为第 1 条中“所有在签署国领土内居住的人”范围太狭窄，取而代之以“在其管辖下的每一个人”。[①] 因此，公约的适用范围扩大到了缔约国实际控制地区，该地区可能在缔约国领土之外。《公民权利和政治权利国际公约》将适用范围界定在“其领土内和其管辖下的一切人”。可以看出，条约的适用领土范围可以不局限于其本国领土，而扩展到缔约国实际控制的区域以及缔约国在他国境内的国民。

因而，条约在缔约国生效，缔约国即应该履行条约规定的义务，履行条约义务是一项国际规则，它要求缔约国在其国内适用条约。缔约国对条约义务的履行，既应制定条约履行的具体措施、明确条约履行的时间和范围，还应对条约履行的效果进行评估和预测，这也是履行条约的题中应有之义。

（二）国际社会、国家以及个人三者利益实现协调发展的要求

主权国家组成国际社会，个人组成主权国家。主权国家是国际社会和个人之间联系的重要纽带，国家的地位在这三者关系中非常重要，国际社会和个人构成国家发展的外部环境和内部环境，在外部环境中，国家间的交流与合作是国际社会利益形成和维护的必要条件。在内部环境中，国家保护每个个人的利益，这是国家得到发展的前提，国家要得到发展必须维护好内部环境。条约在国内的适用是国家的外部环境延伸进国家的内部环境。条约在国内得到适用，同时也是实现国家利益，促进和保护国家和个人利益的需要，而不只是承担条约义务与规避条约责任

---

① Council of Europe (ed.), Collected Edition of the Travaux Preparatories, 1952: 484.

的需要，是国际社会、国家和个人追求利益最大化的要求。

（三）条约目的实现的要求

大部分条约在没有国内法体系的合作和支持的情况下是无法发挥作用的，举例说明，条约规定禁止某种武器（生化武器）的使用，缔约国的国防部长或者军队首脑必须在国家所承担的条约义务范围内实施此项规定，并采取一切可能的措施促进条约的实施。《维也纳外交关系公约》在对外交代表的人身权利保护问题上，规定接受国需要承担尊重外交代表，保护外交代表的责任。① 公约要求国家机构避免发生拘留或监禁外交人员的行为，并采取一切可能的措施预防对外交人员的不适当的攻击，《维也纳条约法公约》第 34 条还规定了外交代表不需要缴纳所在国课征的税收。② 要求税务征收当局，采取必需的监管措施或者是行政手段避免外交人员缴纳他们不应被课征的费用或税收。

“夸张一点的举例，德国的一个推销员 H. Triepel 于 1923 年观察到国际法就像军队的统帅，他只能够向他的将军发布命令，只有通过将军他的命令才能传达到军队，而如果将军不将他的命令转达给士兵，那他就一定要失掉这场战斗。”③ 国际社会是由主权国家组成，每个国家都希望并实际掌控其本国范围内的个体所享有的权利和义务的范围和限度，因此，当条约要在一个国家或政府执行时，在大多数情况下，要

---

① 《维也纳外交关系公约》第 29 条规定：外交代表人身不得侵犯。外交代表不受任何方式之逮捕与拘禁。接受国对外交代表特示尊重，并应采取一切适当步骤以防止其人身、自由或尊严受到任何侵犯。载国际法委员会网站：http：//www. un. org/chinese/law/ilc/foreign_relations_print. htm，最后访问时间：2016 年 3 月 1 日。

② 《维也纳条约法公约》第 34 条规定：外交代表免纳一切对人或对物课征之国家、区域或地方性捐税，但下列各项，不在此列：…… Vienna Convention on the Law of Treaties，载 https：//treaties. un. org/doc/Publication/UNTS/Volume% 201155/volume - 1155 - I - 18232 - English. pdf，最后访问时间：2015 年 1 月 13 日。

③ Antonio Cassese. International Law，Oxford：Oxford University Press，2005：9.

将其转为国内法，条约目的的实现也与条约是否在缔约国得到适用，以及条约在缔约国得到适用的程度有关。

第二节　条约适用方式的定义及与相关概念辨析

一、条约适用方式的定义和类型

与条约适用的广义和狭义的定义相对应，条约的适用方式也分为广义和狭义两种定义。广义的条约适用方式是指条约在国内的执行方式，包括条约的接受方式；我国学者王勇认为，狭义的条约适用方式就是指一国的司法机关如何在其职权范围内援引条约处理具体问题的方式。[①]

如无特别说明，本书讨论条约的适用方式，也是就狭义而言。条约被成员国接受为国内法之后，“对自然人或法人具有什么样的效力问题，即自然人或法人是否可以直接享受条约赋予的权利，并要求国内法院保护这些权利”。[②]

条约在国内的适用方式欧洲各国一般将其命名为：“条约的直接适用”和“条约的非直接适用”；还有的国家将条约区分为“自执行条约”和“非自执行条约”，比如美国。无论其称谓如何指称，条约的最主要的适用方式可归纳为两种：直接适用和间接适用。

除此之外，还有一种新型的补充适用方式——参照适用。参照适用是对没有加入或缔结的条约的适用，参照适用在实践中实例相对较少，

---

① 王勇：《条约在中国适用之基本理论问题研究》，北京大学出版社 2007 年版，第 138 页。

② 王铁崖：《国际法》，法律出版社 1995 年版，第 311 页。

但作为一种独立的适用方式，参照适用有其存在的原因和价值。本书将对上述三种适用方式进行分析，总结有关规律。

二、条约接受方式与条约适用方式的关系

（一）条约接受方式概述

“一个在国际上已经生效的条约，其规定在各国国内的得到执行，以得到各国国内法的接受为前提。”① 条约首先需要根据条约中约定的程序或时间在国际层面上生效，但在国际层面生效并不意味着条约自动在缔约国国内生效。在国家间生效的条约，还必须被接受为缔约国的国内法律，从而使其规定在国内得到遵守和适用。② 这个从国际法规范转变为国内法规范的过程可以被视为条约的接受。③

从国际法规范转变为国内法规范采取什么样的方式是由一国国内法规定的。可以通过国内法的概括性条款一次性赋予也可以通过制定单一的国内法加以规定。根据各国的实践，④ 条约的接受可以分为纳入和转

---

① 李浩培：《条约法概论》，法律出版社 2003 年版，第 171 页。

② 王铁崖主编：《国际法》，法律出版社 1995 年版，第 426 页。

③ ［德］沃尔夫刚·格拉夫·魏智通主编：《国际法》，吴越、毛晓飞译，法律出版社 2002 年版，第 128 页。

④ 举例来说，联合国国际贸易法委员会就《承认和执行外国仲裁裁决公约》在其国内法秩序中如何取得法律效力进行了调查，根据 108 个缔约国提供的答复发现，对绝大多数国家而言，《承认和执行外国仲裁裁决公约》被视为“自动生效”和“直接适用”，这些国家大多提到，按照其宪法，公约“享有高于一般法律的地位”“构成国内法不可分割的组成部分并凌驾于任何相反的法律条文之上”，或者“在根据既定程序等缔结、批准和公布之后具有法律效力”如一份答复所述，“公约案文没有法律意义。它是一部国际条约，这类条约在法律中并非自动生效，而被视作行政部门的行动”。其中许多国家通过了执行公约的立法，这类立法采取了各种形式，如“以公约作为负责的仲裁法案”“颁布一部关于外国仲裁裁决的特殊法案”，或者“颁布法令”。一个国家提到，“在总统签署和参议院批准《承认和执行外国仲裁裁决公约》之后，对一些法律进行了修正以使《公约》生效”。此项调查虽然未对接受和适用做详细的区分，但也可由此窥见接受方式的两种类型的存在。

化两种方式。李浩培先生将这两种接受方式表述为："无须转变而将条约规定纳入（adoption 或 incorporation）国内法；将条约规定转变（transformation）为国内法。"①

黄异先生将条约接受的两种方式称为概括引入和个别引入。概括引入对应于纳入，将缔约国所签署条约自动引入该国国内法领域；个别引入对应转化，即每个条约都应经过一定程序，才能成为国内法的一部分。②

条约的纳入，不需要经过一定程序的转变即可变成国内法的一部分。采纳入式的国家接受条约为本国法的一部分，条约可以自动永久地在本国国内适用。纳入式可分为两种类型：

1. 条约一经缔结即具有国内法的效力

宪法是一国的根本大法，具有最高的权威和法律地位。一国对条约采纳入的方式予以接受，一般都是通过宪法或宪法性法律予以规定。纳入可分为两种情况：总体纳入和逐案纳入。总体纳入是指一国通过法律规定，将所有可以适用的国际法规则一次性地、永久地纳入国内法律体系之中，也就是"从总体上承认国际法为国内法的一部分"。③ 总体纳入，卡塞尔称之为："自动永久纳入（automatic permanently incorporation）"。采总体纳入的国家，只要一项条约对该国生效，该国国内法律体系中便自动出现相应的规则，不需要另行立法或指定实施法律规则。

总体纳入的影响主要体现在立法层面，只要一项条约对一国生效，该国国内法律体系中便出现相应的规则，而无须进行任何额外的立法活

① 李浩培：《条约法概论》，法律出版社 2003 年版，第 314 页。

② 黄异：《国际法在国内法领域中的效力》，我国台湾地区元照出版有限公司 2006 年版，第 37～38 页。

③ 梁西主编：《国际法》，武汉大学出版社 2003 年版，第 16 页。

动。总体纳入的做法使条约的适用更加简单快捷，可以避免逐个立法的麻烦，并能够保持国内法与国际法的一致，紧跟国际法的发展，使国家持续地、自动地使其国内法符合国际法的法律标准。[①]

有学者将此种方式称为自动纳入（automatic incorporation）。例如，墨西哥把议会批准的条约视为国内法；瑞典把在国际层面生效的条约视为国内法；在美国，经过议会提议或承认程序缔结，以及通过国会授权或根据总统的行政授权而缔结的条约，都具有国内法的效力；《俄罗斯宪法》规定：俄罗斯联邦的国际条约应为国内法的组成部分，[②] 俄罗斯最高法院对该条的解释为，它只适用于经过立法机关批准的条约，行政条约不具有法律的地位。即俄罗斯立法机关批准的条约是纳入式，行政条约则不是纳入式接受。

国内法和国际法分属于不同的法律体系，将缔结的所有的条约全部纳入国内法中，再不加区分地直接适用，是一种较为极端的做法，现在很少有国家这样做，严格的符合直接适用的总体纳入往往主要是针对自动执行条约来说。

逐案纳入是指国家的立法机关通过专门立法，规定特定的国际法规则在国内适用，但对该国际法规则的内容不加修改。需要经过立法机关的专门立法，这是一种间接适用条约的手段，逐案纳入也应分为两种情况，一种情况是针对某一类条约进行专门立法，如规定某一类条约接受规则为纳入式，这样只要是符合规定条件的条约就适用这一规则，这样的条约适用方式仍应与总体纳入规则一样对待。另一种情况就是针对某一个条约单独进行立法，但适用的国际条约的内容不发生改变，卡塞尔

① Cassess，International Law，Oxford：Oxford University Press，2005：220.

② Constitution of the Russian Federation，载 http：//heinonline. org/HOL/COWShow？collection=cow&cow_id=342#，最后访问时间：2015 年 4 月 3 日。

将此称为："自动临时纳入"（automatic ad hoc incorporation）。[①] 在这种情况下，因为针对该条约进行了专门的立法才能够进入国内法，因而是一种间接适用。采逐案纳入的方式使国家在适用国际条约时拥有了一定的斟酌空间，同时又保持了有关的国际规则的内容不发生变化。

2. 在国内完成附加程序后，条约具有国内法的效力

有些国家承认条约在国内的直接法律效力，但需要附加额外的程序——公布。例如，1997 年的波兰宪法就规定条约需要在官方公报上颁布。[②] 埃及也有类似的规定。以公布与否作为条约是否在国内生效的条件，可使该国在条约生效问题上掌握更多的主动权，一些国家也可能故意不公布他们缔结的条约以延缓或取消条约在该国国内的法律效力。

转化式是指条约经立法机关制定相应的国内法后才可以在国内适用。采用这种方式的国家有英国、英联邦国家[③]、斯堪的纳维亚[④]等国。采转化式的国家，需要先完成一定的国内程序，才能赋予条约国内法上的效力。如英国制定了一套转化立法制度，立法机关要求行政机构在签订每一个条约前后，必须通过国内立法程序将条约转化为国内法才能让它在国内生效。采转化式的国家通过审查现有立法或制定新的法律将条约规定并入国内法体系。在这种接受方式下，条约在国内法上只有间接

① Cassess，International Law，Oxford：Oxford University Press，2005：220.

② 1997 年《波兰宪法》第 91 条规定：条约一旦经批准和在官方公报上颁布并对波兰生效，即构成波兰国内法律秩序的一部分并直接适用，除非其适用取决于制定一项法律。Text of the Constitution of the Republic of Poland，Saint Louis－Warsaw Transatlantic Law Journal，1997：5～58.

③ 英联邦（Commonwealth of Nations）是英国对联邦其他成员国在政治、军事、财政经济和文化上施加影响的组织。由英国和已经独立的前英帝国殖民地国家或附属国组成。第一次世界大战后，英国势力遭到削弱，各殖民地人民纷纷要求独立，便逐渐用英联邦代替英帝国的称号。

④ 又译为斯堪的那维亚，在地理上是指斯堪的纳维亚半岛，包括挪威与瑞典，文化与政治上则包含丹麦。这些国家互相视对方属于斯堪的纳维亚，虽然政治上相互独立，但共同的称谓显示了其文化与历史有深厚的渊源。

效力，转化立法一般都在缔结条约前完成，因而实际上，转化式赋予条约在国内法上的效力的时间并不晚于纳入式。

转化的方式各不相同，有的根据条约制定国内法，将条约转化为国内法，有的则只是颁布一个执行条约的法令。该条约的整个或部分文本可以以列表的形式体现在该法令之中，该法令则可规定该列表中的条约条款在国内具有法律效力。另外，对已有的法律文件进行修改以符合条约规定的义务也是转化式的一种形式。

这两种接受方式在程序步骤上的区别体现为：（1）纳入式。批准或加入条约以对外、对内生效——公布条约（没有特殊规定则无此步骤）——如果在批准或加入条约时，该条约尚未生效，将条约生效时间予以公布，在该生效时间之后可对条约予以适用。（2）转化式。批准或加入，条约在国际上生效——经过一定程序转化条约、公布条约——条约在国内生效并予以执行。

采取纳入方式的国家比转化方式的国家数量更多，美国是典型的采纳入方式的国家，1787 年《美国宪法》第 6 条第 2 款规定，美国缔结的条约，是美国的最高法律，国内法不得与其相抵触。[①] 根据这一规定，美国将条约直接接受为国内法而无须转化。除美国外，荷兰、法国、西班牙、日本、瑞士等国家也通过在本国宪法中明文规定的方式，采用纳入的方式接受条约。

（二）条约接受方式与条约适用方式的关系

条约的接受与条约的适用是条约在国内适用的两个不同的阶段，它

---

① 1787 年《美国宪法》第 6 条第 2 款规定：在美国的权力下缔结的一切条约，与美国宪法和根据该宪法制定的法律一样，都是美国最高的法律。即使任何州的宪法或法律与之相抵触，每一州的法官仍受其约束。Constitution of the United States ofAmerica，载 http：//heinonline. org/HOL/Page？ collection = cow&handle = hein. usreports/constiusa0010&country_code = US&id = 1，最后访问时间：2015 年 4 月 3 日。

们相继发生，不能够混为一谈。条约的接受，决定了条约如何具有国内法的效力，条约接受方式有“纳入”和“转化”两种。无论是通过纳入式还是转化式，条约被接受后即具有国内法律效力。条约的适用，指的是条约被接受后，进入了国内法领域之后，如何得到遵守和执行。条约的适用方式包括直接适用和间接适用。条约接受是条约适用的前提，条约的适用是条约接受后必须经过的步骤，这样才能保障条约义务的履行。

“纳入”式接受条约意味着条约在国内法上具有直接法律效力，“转化”式接受条约意味着条约在国内法上只具有间接的法律效力。“直接效力”与“间接效力”说的是条约在国内法上的效力问题，而“直接适用”和“间接适用”指的是条约进入国内法领域，如何适用的问题。

采用“转化”式接受条约的国家，当然只能间接适用条约，而采用“纳入”式接受条约的国家，并不都直接适用条约的规定。许多采用“纳入”式接受条约的国家，把条约又区分为“自动执行条约”与“非自动执行条约”，只有前者可以直接适用，后者则必须制定国内法间接适用条约。

在两种情况下，一国都可能为执行条约而进行国内立法：一种情况，是在将条约接受为国内法时，就必须将其转化为国内法，才能使条约进入国内法体系；另一种情况，是在将条约纳入国内法体系后，因其缺乏在国内直接适用的条件，而进一步采取国内补充立法的方式，赋予其执行力，以便使其在国内得到执行。准确地说，前者应称为“接受立法”，后者应称为“适用立法”。但因为无论接受还是适用最终都是为了实施条约，所以两者经常被混同。所以，不能一看该国有为执行条约而进行的国内立法就下结论，说这个国家采用“转化”式接受条约。

条约的接受方式和条约的适用方式是密切联系的。要判断一个条约在国内是采取什么样的适用方式，首先应该弄清楚该国对条约的接受方式。条约通过纳入或转化的方式接受进国内法后，通过直接适用或间接适用的适用方式在国内得到适用。接受方式的纳入、转化，适用方式的直接适用、间接适用之间的关系如图 2 所示。

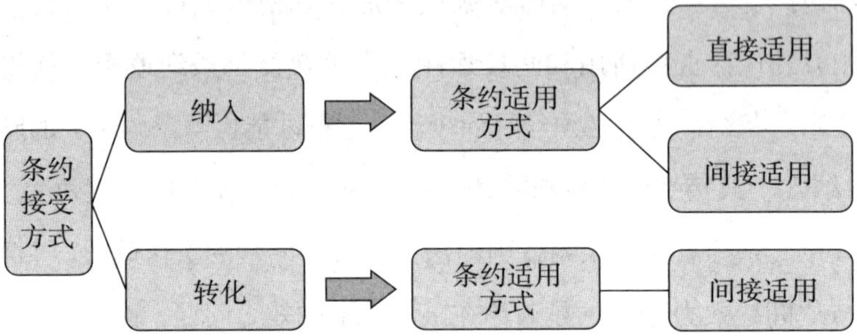

图 2　接受方式的纳入、转化，适用方式的直接适用、间接适用之间的关系

第二章　条约的直接适用

条约在国内的适用是承担条约义务的必然要求，采取合理的条约适用方式有利于维护一国国内法律体系的完整性和科学性，一项被国内接受的条约从逻辑上来说，是可以作为国内法的一部分来予以适用的。但在实践中，一项条约在国内直接适用还取决于诸多因素及一定的判断标准。

第一节　条约直接适用概述

汉语词典对“直接”一词的解释为：“不经过中间事物的，不通过第三者，与间接相对。”直接适用便取自直接的字面意，指不经过一个转化为国内法的过程便可在国内实施。因此，可将条约直接适用定义为，一国国内有关机关，包括立法、行政以及司法机关，在其各自职权范围内，以适用国内法的方式适用条约的有关规定。也就是说，直接适用的条约与国内法一样，均可以被当事人直接援引，司法机关在审判过程中也可以直接适用条约。

美国学者将条约区分为自动执行条约和非自动执行条约，Romualdo P. Eclavea 也称其为未生效条约（executory）与自动执行条约。[①] Carlos Vazquez 认为，自动执行条约是指不需要国会的事先立法就可以由法院实施的条约。相应的非自动执行条约是指没有经过国会的执行性立法就

① Romualdo P. Eclavea, Executory and self-executing treaties, American Jurisprudence, Second Edition, 2015.

不可以由法院直接实施的条约。[①] Carlos Vazquez 认为条约适用的主体是法院。

一、条约直接适用与纳入、自动执行的辨析

纳入、自动执行和直接适用的关系，我国理论界对这一问题的认识还比较混乱，纳入的国内法效力与直接适用或者自动执行的直接适用性容易产生混淆。不少学者认为“转化”就是“间接适用”，“纳入”就是“直接适用”，将条约在我国的适用方式混同于条约的接受方式，从而在理论上产生误导。[②]

纳入是条约接受方式的一种，它与转化的接受方式是对应的关系，采纳入式的国家将条约不需转化而并入国内法体系中，即具有国内法的效力（第一章中关于条约的接受方式中已有详细论述）。

直接适用或自动执行条约是条约的适用方式，是在采取纳入的接受方式的情况下才会发生的条约适用方式，如条约采转化的接受方式则不可能产生直接适用或自动执行条约的情况。因为进行立法以使条约在国内执行是转化的题中之义。

在纳入方式下，条约一经签署或批准就具有国内法的效力。在此基础上，缔约国就应在国内适用条约以履行条约义务。条约适用方式不能一概而论，在实践中，不同的国家采取了不同的适用方式。比如，美国将条约区分为自动执行条约与非自动执行条约。自动执行条约，是指在条约被接受之后，可以由国内的条约适用机关直接予以援引适用；非自动执行条约，是指条约接受后，应通过制定国内法等方式，才能由有关

---

① Carlos Vazquez, The Four Doctrines of Self-executing Treaties, The American Journal of International Law, 1995 (89): 697.

② 余民才主编:《国际法专论》，中信出版社 2003 年版，第 9 页。

机关予以适用。自动执行条约是纳入方式下的直接适用，那么除此之外，转化方式下是否存在直接适用？很明显，采转化方式的条约不存在直接适用的情况，采转化方式的条约在适用方式上皆为间接适用。

非自动执行的条约，在程序上需要经过国内的立法转换，才能予以适用，这属于间接适用的情况，间接适用不能等同于非自动执行条约。因为如上文所述，采转化的接受方式的条约在国内的适用方式也是间接适用，间接适用的范围要大于非自动执行条约。

综上，纳入接受方式下的自动执行是直接适用，其他皆为间接适用。也可以看出条约的适用方式与条约的接受方式是息息相关的。

二、直接适用的条约的性质

可直接适用的条约，对司法机关而言，可以直接以该条约的有关规定为依据进行判决。那么对于法院适用的该条约而言，其是国际法还是国内法呢？一种观点认为，直接适用的条约其外形虽然一样，但条约被一国接受为国内法，纳入国内法律体系后，该条约就具有了国内法的性质。因此，应将条约视为国内法。另一种观点认为，直接适用的条约仅仅是将国际法领域的条约效力延伸至国内法领域里，在国内法领域中予以适用，并没有改变条约作为国际法的性质。①

被司法机关直接适用的条约，仍是国际法上的条约而非国内法，因为没有改变直接适用的条约的国际法渊源的性质和内容。② 我国台湾地区学者黄异认为，将直接适用的条约定性为国内法还是国际法对于条约在国内的生效、位阶、保留、修订、解释都具有不同的影响，他认为，

---

① 黄异：《国际法在国内法领域中的效力》，我国台湾地区元照出版有限公司2006年版，第54页。

② 王勇：《条约在国内适用之基本理论问题研究》，北京大学出版社2007年版，第53页。

条约由国际法领域引入国内法领域，其性质仍是国际法。我国学者沈宗灵、王西安等也都认为，条约是我国国内法的渊源，[①] 是中国法律的组成部分。[②]

条约主要是调整国家之间关系的规范，明确国家之间的权利义务。若如上述学者所得的结论，直接适用的条约仍是国际法，那么直接适用的条约仍停留在调整国家之间权利义务关系的层面，国内司法机关不能裁决国与国之间的纠纷，个人之间，个人与国家之间的纠纷，司法机关该如何适用条约？条约接受的效力和意义又何在？这些前后矛盾、无法衔接的问题持国际法性质说的学者们未能给出解答。

基于此，笔者认为直接适用的条约虽然在外形上没有发生任何变化，但条约经过国家接受的过程已经具有国内法的性质，从而将条约从国家与国家的权利义务关系，由国家承担违约责任等层面，拖入了国内法的领域，国内司法系统可以按照国内法的方式适用条约。个人通过国内司法解决个人之间及个人与国家间的权利义务关系，个人权利的救济途径等问题就得到了充分而合理的解释。

第二节　条约直接适用的国内法依据

一、宪法规定条约的直接适用

在本国宪法中规定条约的直接适用，是条约在国内得到有效执行的

---

① 沈宗灵：《法理学》，高等教育出版社 1996 年版，第 313 页。

② 王西安：《国际条约在中国特别行政区的适用》，广西人民出版社 2006 年版，第 60 页。

有力保障，很多国家都在本国宪法中作了此种规定。规定条约的直接适用的国家大多首先承认条约构成国内法律体系的一部分，在拥有成文宪法的国家，如果宪法对于条约纳入国内法的问题作出规定，条约一般有优于（普通）国内法的地位。① 当条约与国内法规定不一致时，条约具有适用的优先性。

在宪法中规定条约应该直接适用的国家，如 2006 年《塞尔维亚共和国宪法》第 16 条规定：普遍接受的国际法准则以及获得批准的国际条约应当成为塞尔维亚共和国法律制度的一部分，并且应当直接适用。获得批准的国际条约必须与宪法相一致。② 2006 年《斯洛文尼亚共和国宪法》第 8 条规定：法律和法规必须符合普遍接受的国际法原则，符合对斯洛文尼亚有约束力的条约。已获批准且已公布的条约应当直接适用。③ 2007 年《黑山共和国宪法》第 9 条规定：经签署和公布的国际条约以及公认的国际法规则构成黑山共和国国内法律的组成部分，并具有高于国内立法的效力，当它们与国内法规范不一致时，具有直接适用的优先地位。④ 1997 年《波兰共和国宪法》第 91 条规定：经波兰共和国法律期刊公布后，已批准的国际协议应构成国内法律秩序的一部分且应得以直接适用，除非该协议的适用依赖于法律的颁布。若经法律事先同意批准的国际协议与该法律的规定相冲突，则该协议的效力优于法律。若经波兰共和国批准的协议而设立国际组织，则经其规定的法律应直接

---

① Cassess. International Law, Oxford: Oxford University Press, 2nd Edition, 2005: 228.

② Constitution of the Republic of Serbia, 载 http://heinonline.org/HOL/Page? handle=hein.cow/zzcs0001&collection=cow, 最后访问时间：2015 年 4 月 7 日。

③ Constitution of the Republic of Slovenia, 载 http://heinonline.org/HOL/Page? handle=hein.cow/zzsi0001&collection=cow, 最后访问时间：2015 年 4 月 7 日。

④ Constitution of the Republic of Montenegro, 载 http://heinonline.org/HOL/cowdocs? state=&tfile=mb_2007_2013_VC_eng.pdf, 最后访问时间：2015 年 4 月 6 日。

得以适用且在法律冲突的情况下享有优先效力。[①]

根据这些国家宪法的规定，条约在国内可以得到直接适用，直接适用这一适用方式被规定在了宪法条文之中。在宪法中规定条约可以直接适用的国家大多首先承认条约是国内法的组成部分，承认条约是国内法的一部分，将条约纳入国内法体系中来，为条约在国内的直接适用创造了前提条件。《波兰宪法》甚至明确规定了已批准的国际协议是本国的法律渊源。

在宪法中规定条约可以直接适用的国家中，对于条约直接适用的程度也并不相同。一些国家总括性地规定条约是国内法的一部分，应当直接适用。那么在这些国家中，条约的直接适用具有普遍性。但有些国家在条约可以直接适用上添加了例外或条件性的规定。只有满足这些条件或者排除例外情况时条约才是直接适用的。如 2008 年《阿尔巴尼亚共和国宪法》规定：经批准的国际条约在阿尔巴尼亚共和国官方公报上公告后，构成国内法律体系的一部分，具有直接拘束力，除非它本身不具有拘束力或其适用要求制定法律。如果阿尔巴尼亚共和国批准加入条约时明确表明国际组织发布的准则可直接适用，在国际组织发布的准则与国内法相冲突时该准则具有优先性。[②] 根据该项规定，当条约本身不具有拘束力或其适用要求制定法律时，排除条约的直接适用。

二、宪法规定条约在一国国内的法律地位

有一些国家的宪法只对条约的法律地位作出了规定，而没有规定条

① Text of the Constitution of the Republic of Poland, Saint Louis-Warsaw Transatlantic Law Journal, 1997: 5~58.

② Constitution of the Republic of Albania, 载 http://heinonline.org/HOL/Page? handle=hein.cow/zzal0001&collection=cow，最后访问时间：2015 年 4 月 6 日。

约的直接适用，即只规定了条约的接受方式，而没有规定条约的适用方式。[①] 通过宪法规定条约在一国国内的法律地位，这一做法被许多国家所采纳。宪法规定条约与宪法或法律具有同等的效力，有效缔结的各项条约应自动被视为其本国国内法的一部分。条约采纳入的接受方式进入一国国内法领域后，其适用方式既可以是直接适用，也可以通过一定程序进行转换来进行间接适用。因而，只对条约的法律地位作出规定，将条约纳入国内法体系之中。条约在其国内的适用方式需要进一步作出区分，即区分哪些条约直接适用，哪些条约间接适用。

世界上采取这样的宪法规定方式的国家很多，共有 76 个国家。如《美国宪法》第 6 条第 2 款规定：本宪法及依照本宪法所制定之合众国法律以及根据合众国权力所缔结或将缔结的一切条约，均为全国的最高法律；即使与任何一州的宪法或法律相抵触，各州的法官仍应遵守。任何一州宪法或法律中的任何内容与之抵触时，均不得有违这一规定。[②] 1975 年《阿根廷宪法》第 31 条规定：本宪法、国会根据本宪法而颁布的国家各项法律和阿根廷同外国签署的条约均是国家最高法律，各省政府必须切实遵守，即使国家的最高法律同本省的法律或宪法中的某些条款发生抵触，各省仍应遵守。唯一例外是布宜诺斯艾利斯省在 1859 年 11 月 11 日协议以前签订的条约不受本条款约束。[③] 1991 年《保加利亚共和国宪法》第 5 条第 4 款规定：根据宪法程序已批准、在保加利亚共和国公布并生效的国际条约，是国内法的一部分。该国际条约优先于任

---

① 李兆杰：《条约在我国国内法效力若干问题之探讨》，中国对外翻译出版公司 1994 年版，第 271 页。

② Constitution of the United States of America，载 http：//heinonline. org/HOL/Page？collection = cow&handle = hein. usreports/constiusa0010&country_code = US&id = 1，最后访问时间：2015 年 4 月 3 日。

③ Constitution of the Argentine Nation，载 http：//heinonline. org/HOL/Page？handle = hein. cow/zzar0068&collection = cow，最后访问时间：2015 年 4 月 9 日。

何与之相抵触的国内法。[①] 1975 年《罗马尼亚共和国宪法》第 11 条规定：条约依法律经议会批准后即成为国内法的一部分。罗马尼亚将成为其一方当事国的条约若包含与宪法相抵触的条款，则只能在修改宪法后才能对该条约予以批准。[②] 2008 年《希腊宪法》第 28 条规定：经公认的国际法规则和国际惯例，自其经法律签署并依各自的条件得以实施时起成为希腊国内法有机组成部分并优先于国内法。国际法规则及国际惯例仅在互惠原则上适用于外国人。[③]2011 年《马其顿共和国宪法》第 118 条规定：依宪法批准的国际条约是国内法律体系的组成部分，不得通过法律予以变更。[④]1978 年《西班牙宪法》第 96 条规定：有效签订的国际条约一经在西班牙正式公布，应成为国内法律体系的组成部分。其条约内容的废除、修改或终止仅依据国际条约规定的方式或公认的国际法规则进行。[⑤]1996 年《乌克兰宪法》第 9 条规定：经过乌克兰最高苏维埃批准履行义务的国际条约，是乌克兰法律的组成部分。与乌克兰宪法相抵触的国际条约，只有在乌克兰宪法作出相应的修正后，才可以签订。[⑥] 1949 年《德意志联邦共和国基本法》第 25 条规定：国际法的一般规则构成联邦国内法律的一部分。国际法优先于法律并对联邦领土

---

① Constitution of the Republic of Bulgaria，载 http：//heinonline. org/HOL/Page? handle = hein. cow/zzbg0016&collection = cow，最后访问时间：2015 年 4 月 9 日。

② Constitution of the Socialist Republic of Romania，载 http：//heinonline. org/HOL/cowdocs? state = &tfile = cowresd0493. pdf，最后访问时间：2015 年 4 月 9 日。

③ Constitution of Greece，载 http：//heinonline. org/HOL/Page? handle = hein. cow/zzgr0021&collection = cow，最后访问时间：2015 年 4 月 12 日。

④ Constitution of the Republic of Macedonia，载 http：//heinonline. org/HOL/Page? handle = hein. cow/zzmk0007&collection = cow，最后访问时间：2015 年 4 月 12 日。

⑤ The Spanish Constitution，载 http：//heinonline. org/HOL/Page? handle = hein. journals/hascq7&id = 93&size = 2&collection = cow&index = journals/hascq#93，最后访问时间：2015 年 4 月 13 日。

⑥ Constitution of Ukraine，载 http：//heinonline. org/HOL/Page? handle = hein. cow/zzua0003&collection = cow，最后访问时间：2015 年 4 月 13 日。

内的居民直接产生权利和义务。[①] 2010 年《克罗地亚共和国宪法》第 134 规定：依照宪法的规定缔结和签署并公布生效的国际条约，构成克罗地亚共和国国内法律体系的有效组成部分，其效力优于国内法的规定。本条之规定仅得在宪法或国际法普遍原则规定的条件下并依本宪法或国际法普遍原则规定的程序修改。[②] 1917 年《墨西哥宪法》第 133 条规定：本宪法、根据本宪法制定的联邦议会的法律和共和国总统经参议院批准已经缔结或将要缔结的与宪法相一致的一切条约，均是全联邦的最高法律。尽管各州宪法和法律中可能有相反的规定，但各州法官均需遵照上述宪法、法律和条约执行。[③]

有一些国家也规定了条约采纳入方式，但进一步对条约的适用作出了规定。《法国宪法》第 55 条规定了条约的地位高于法律，但如果要适用条约，需要以其他国家适用条约为前提。[④] 在此情况下需要对其他缔约国对等适用条约的情况进行评估，怎么判断“他方”适用了该协议或条约呢？关于此问题可以有以下三种理解：一是司法机关单方进行评估，他方是否对该条约进行了适用。如果进行了适用，则可以决定适用该条约。二是司法机关可审查政府有关部门出具的他方履约的实际状况的报告或者评估意见，根据这些材料来判断他方是否适用了条约，以此来决定本国的条约适用部门是否适用该条约。三是根据推定，根据他

---

① Basic Law for the Federal Republic of Germany，载 http：//heinonline. org/HOL/Page? handle = hein. cow/zzde0040&collection = cow，最后访问时间：2015 年 4 月 14 日。

② Constitution of the Republic of Croatia，载 http：//heinonline. org/HOL/cowdocs? state = &tfile = hr_1990to2010_sabor_eng. pdf，最后访问时间：2015 年 4 月 8 日。

③ Political Constitution of the United Mexican States，载 http：//heinonline. org/HOL/Page? handle = hein. cow/zzmx0121&collection = cow，最后访问时间：2015 年 4 月 14 日。

④ 《法国宪法》第 55 条规定：经过正当批准或核准的条约或协议，公布后具有高于法律的权威，但就每一个协定者或者条约而言以对方（缔约国）予以适用为限。Constitution of France，载 http：//heinonline. org/HOL/cowdocs? state = &tfile = fr_1958_2008_eng_CC. pdf，最后访问时间：2015 年 5 月 19 日。

方没有违反条约，并且本国没有宣布中止或废止条约，就可以认为他方对条约进行了适用。[①]

在此情况下，法国在不需要正式终止或废除条约就可以向其他不履行条约的缔约国实施报复。是否对外国进行报复是一国外交政策的范畴，因而法院应无权评估外国履约的情况，同样，也不适合请求政府部门给予评估。政府有可能愿意容忍外国的轻微违约的行为，而不愿意明确指责外国违反了条约。因而对于外国是否履约的启动评估的权利和决定权还在各国的政府当局手上，上述第三种理解就更符合法国的实际做法。[②]

三、宪法规定条约适用的冲突规则

宪法规定条约适用的冲突规则，是指在条约与国内法发生冲突时，适用国际条约的规定。这一规定，实际体现了条约的法律地位，即高于国内法。在条约与国内法一致的情况下，通过适用国内法以达到间接适用条约的目的，而在条约与国内法不一致时，条约的适用方式则是直接适用。

如，1992 年《爱沙尼亚共和国宪法》第 123 条规定：爱沙尼亚共和国不签订与宪法相违背的国家间条约，爱沙尼亚共和国的法律与所加入之国际公约规定不一致时，适用国际公约的规定。[③] 2008 年《俄罗斯联邦宪法》第 15 条第 4 款规定：公认的国际法原则和准则以及俄罗斯

---

① 粟烟涛：《法国在司法审判中直接适用条约的问题和经验》，载《欧洲研究》2010 年第 3 期。

② 粟烟涛：《法国在司法审判中直接适用条约的问题和经验》，载《欧洲研究》2010 年第 3 期。

③ Constitution of the Republic of Estonia，载 http：//heinonline. org/HOL/Page？ handle = hein. cow/zzee0018&collection = cow，最后访问时间：2015 年 4 月 23 日。

联邦签署的国际条约是法律体系的组成部分，如果俄罗斯联邦签署的国际条约的规定与法律的规定不一致，应当适用国际条约的规定。① 1992年《捷克共和国宪法》第10条规定：经议会批准并对捷克共和国有拘束力的条约颁布后，成为国内法律秩序的一部分；如果条约所规定的内容与国内制定法相抵触，应当优先适用条约。②

四、宪法单独规定某一类别条约的实施规则

随着国际法的发展，条约的种类日益丰富，出现了具有特殊重要性的条约，比如人权条约，为了更好地适用这些条约，国家的宪法中也出现了对这些条约适用的专门规定。

自20世纪70年代起，特别是90年代之后，一些国家在其宪法中对国际人权文件的精神、国际人权条约的效力和国际人权条约在国内的适用作出专门的规定，在宪法中专门规定国际人权条约的法律地位。

宪法中规定某一项或某几项国际条约的法律地位，有些国家在宪法中专门规定《世界人权宣言》的法律地位，如1993年《安道尔宪法》第二章第5条规定：安道尔遵守《世界人权宣言》的规定。③ 1992年《佛得角共和国宪法》第16条第3款规定：宪法和法律有关基本权利的规范之解释和填补，应当与《世界人权宣言》相一致。④ 2002年《东帝汶宪法》第23条规定：本宪法所规定之基本权利，不应排除其他法

---

① Constitution of the Russian Federation，载 http://heinonline.org/HOL/COWShow? collection=cow&cow_id=342#，最后访问时间：2015年4月3日。

② Constitution of the Czech Republic，载 http://heinonline.org/HOL/cowdocs? state=&tfile=cz_1992_orig_og.pdf，最后访问时间：2015年4月9日。

③ Constitution of the Principality of Andorra，载 http://heinonline.org/HOL/Page? handle=hein.cow/zzad0001&collection=cow，最后访问时间：2015年4月24日。

④ Constitution of the Republic of Cape Verde，载 http://heinonline.org/HOL/cowdocs? state=&tfile=cv0002.pdf，最后访问时间：2015年4月25日。

定权利，其解释应符合《世界人权宣言》。[①] 1976 年《葡萄牙宪法》第 16 条第 2 款规定：本宪法和法律规定的基本权利，其解释和诠释应当与《世界人权宣言》相一致。[②] 1978 年《西班牙宪法》第 10 条关于解释的一般指导原则规定了国内法的解释应与《世界人权宣言》相符合。[③]

有些国家宪法中直接规定遵守某几项国际人权条约的义务。2004 年《阿富汗宪法》序言第 5 条规定："遵守《联合国宪章》，尊重《世界人权宣言》"。[④] 1995 年《波黑宪法》序言规定：在《联合国宪章》《世界人权宣言》和总体和平框架的指引下……《波黑宪法》第 2 条规定：《欧洲保护人权及基本自由公约》及其议定书中的权利和自由，应直接适用于波黑，其效力高于其他法律。[⑤] 1996 年《喀麦隆共和国宪法》序言规定：切实尊重《世界人权宣言》《联合国宪章》《非洲人权和民族权利宪章》及其他经批准的有关国际条约所保障之基本自由。[⑥] 2010 年《安哥拉共和国宪法》第 26 条第 2 款规定：宪法和法律规范所保障的基本权利，其解释必须符合《世界人权宣言》《非洲人权和民族

---

① Constitution of the Democratic Republic of East Timor/Timor－Leste，载 http：//heinonline. org/HOL/cowdocs？ state＝&tfile＝tl_2002_orig_gins. pdf，最后访问时间：2015 年 4 月 24 日。

② Constitution of the Republic of Portugal，载 http：//heinonline. org/HOL/Page？ handle＝hein. cow/zzpt0014&collection＝cow，最后访问时间：2015 年 4 月 25 日。

③ 1978 年《西班牙宪法》第 10 条关于解释的一般指导原则规定：对涉及宪法认可的基本权利和自由的规定的解释，应当符合《世界人权宣言》和西班牙随后批准的国际协定和条约之规定。The Spanish Constitution，载 http：//heinonline. org/HOL/Page？ handle＝hein. journals/hascq7&id＝93&size＝2&collection＝cow&index＝journals/hascq#93，最后访问时间：2015 年 4 月 13 日。

④ Constitution of the Islamic Republic of Afghanistan，载 http：//heinonline. org/HOL/Page？ handle＝hein. cow/zzaf0003&collection＝cow，最后访问时间：2015 年 4 月 25 日。

⑤ Constitution of Bosnia and Herzegovina，载 http：//heinonline. org/HOL/Page？ handle＝hein. cow/zzba0003&collection＝cow，最后访问时间：2015 年 4 月 25 日。

⑥ Constitution of the Republic of Cameroon，载 http：//heinonline. org/HOL/Page？ handle＝hein. cow/zzcm0003&collection＝cow，最后访问时间：2015 年 4 月 25 日。

权力宪章》及安哥拉批准的其他国际文件。[①] 1994 年《埃塞俄比亚宪法》第 13 条第 2 款规定：本章所列举的基本权利和自由应当与已被埃塞俄比亚认可的联合国《世界人权宣言》及埃塞俄比亚批准的其他人权公约保持一致的解释。[②] 1995 年《波斯尼亚和黑塞哥维那共和国宪法》规定：欧洲人权公约有关保护人权和基本权利之规定以及与之相关之协议直接适用于波斯尼亚和黑塞哥维那共和国，并具有法律优先效力。[③] 并在附件一中列举了适用于波斯尼亚和黑塞哥维那共和国的其他 15 项人权公约。

有些国家在宪法中专门对国际人权条约在国内的地位和效力作出规定。而不特别指明是哪一项国际人权条约，这类宪法规范，通常直接规定国际人权条约在国内的直接乃至优先效力。

1992 年《拉脱维亚共和国宪法》第 89 条规定：国家应承认并保障依照宪法、法律和拉脱维亚承受拘束的国际协议所确认的基本人权。[④] 1992 年《斯洛伐克共和国宪法》第 11 条规定：斯洛伐克共和国批准并依法公布的有关人权和自由的国际文件，如果其比宪法所保障之权利和自由范围更广，则国际人权文件的效力优于国内法律。[⑤]

---

① Constitution of the Republic of Angola，载 http：//heinonline. org/HOL/Page？ handle = hein. cow/zzao0010&collection = cow，最后访问时间：2015 年 4 月 26 日。

② Constitution of the Federal Democratic Republic of Ethiopia，载 http：//heinonline. org/HOL/cowdocs？ state = &tfile = cowresd0414. pdf，最后访问时间：2015 年 4 月 26 日。

③ Constitution of Bosnia and Herzegovina，载 http：//heinonline. org/HOL/Page？ handle = hein. cow/zzba0003&collection = cow，最后访问时间：2015 年 4 月 27 日。

④ Constitution of Latvia，载 http：//heinonline. org/HOL/Page？ handle = hein. cow/zzlv0023&collection = cow，最后访问时间：2015 年 4 月 28 日。

⑤ Constitution of the Slovak Republic，载 http：//heinonline. org/HOL/cowdocs？ state = &tfile = cowresd0528. pdf，最后访问时间：2015 年 4 月 28 日。

1985 年《危地马拉共和国宪法》规定了条约优于其国内法。① 本条规定了国际法的优先地位，即在人权问题上，危地马拉国内法与条约不一致的，应适用条约的规定。1991 年《哥伦比亚宪法》规定了其本国批准的有关人权的条约在国内享有优先效力。② 第 93 条第 2 款规定：本章所提及的权利和义务根据哥伦比亚所签订的国际人权条约进行解释。③ 2010 年《吉尔吉斯斯坦共和国宪法》也规定了条约是本国人权和自由获得承认和保障的依据。④

上述各国宪法的实践，均是新近制定或修订的宪法，在宪法中对国际人权条约的效力直接加以规定，是一种新的现象和趋势，这种变化与这些国家在制定新宪法以前的历史有关，新政府成立后，民众对于保护人权的诉求在宪法中得到确认。赋予国际人权条约很高的地位，很多国家赋予其优先的效力，这是受到国际人权运动影响的结果。一些国家在司法领域出现的“跨法域主义”也加强了这一趋势，不同国家（或法域）的司法机关，日益倾向直接适用一些国际法规则（甚至援引其他国家或法域的判例），特别是国际人权法规则。⑤

---

① 1985 年《危地马拉共和国宪法》第 46 条规定：危地马拉接受和批准的人权条约和公约优于国内法之基本原则从此确立。Political Constitution of the Republic of Guatemala，载 http：//heinonline. org/HOL/cowdocs？ state = &tfile = gt_1985_1993_lv. pdf，最后访问时间：2015 年 4 月 28 日。

② 1991 年《哥伦比亚宪法》第 93 条第 1 款规定：国会批准的承认人权和禁止在紧急状态下限制人权的国际条约和协定在国内具有优先效力。Political Constitution of Colombia，载 http：//heinonline. org/HOL/Page？ handle = hein. cow/zzco0061&collection = cow，最后访问时间：2015 年 4 月 29 日。

③ Political Constitution of Colombia，载 http：//heinonline. org/HOL/Page？ handle = hein. cow/zzco0061&collection = cow，最后访问时间：2015 年 4 月 29 日。

④ 2010 年《吉尔吉斯斯坦共和国宪法》第 16 条第 1 款规定：在吉尔吉斯共和国，根据普遍公认原则和国际法准则，以及吉尔吉斯批准的关于人权问题的国家间条约和协议，人的基本权利和自由得到承认和保障。Constitution of the Kyrgyz Republic，载 http：//heinonline. org/HOL/Page？ handle = hein. cow/zzkg0005&collection = cow，最后访问时间：2015 年 4 月 29 日。

⑤ Reem Bahdi. Globalization of Judgement：Transjudicialism and the Five Faces of International Law in Domestic Courts，the George Washington International Law Review，Vol. 34.

也有的国家未在宪法中对条约地位或条约适用作出规定。比如1947年《意大利共和国宪法》只是规定了：意大利的法律制度与公认的国际法规范保持一致。[①] 2004年《白俄罗斯共和国宪法》第8条规定：不允许签订与宪法相抵触的国际条约。[②] 1993年《安道尔宪法》第3条第（4）款规定：条约和国际协定在其公布于安道尔公国官报时起发生法律效力，且非经法律不得修改或撤销。[③] 这些规定没有对条约在国内法中的地位及条约的适用问题作出规定。没有对作出规定的还有1937年《爱尔兰宪法》《比利时宪法》、1999年《冰岛共和国宪法》、1953年《丹麦王国宪法》、2009年《拉脱维亚共和国宪法》、《马耳他宪法》、2007年《挪威王国宪法》等。

第三节　直接适用条约的确定标准

因为直接适用和间接适用这两种适用方式都各有其优劣势，所以在实践中即使是直接适用的国家，也都有例外，并非绝对的纯粹的直接适用。在实践中，荷兰适用条约的方式为直接适用，但荷兰法院作为司法机关，也不是所有的案子都可以直接适用条约。条约的内容是法院判断是否能够予以直接适用的重要标准之一。[④] 一个国家对所有条约都采取绝对的直接适用这只是理论研究上的一种状态，实践中并不存在。主要

---

① Constitution of the Italian Republic，载 http：//heinonline. org/HOL/Page？handle = hein. cow/zzit0013&collection = cow，最后访问时间：2015年4月29日。

② Constitution of the Republic of Belarus，载 http：//heinonline. org/HOL/Page？handle = hein. cow/zzby0002&collection = cow，最后访问时间：2015年4月30日。

③ Constitution of the Principality of Andorra，载 http：//heinonline. org/HOL/Page？handle = hein. cow/zzad0001&collection = cow，最后访问时间：2015年4月24日。

④ Francis G. Jacobs，Shelley Roberts，The Effect of Treaties in Domestic Law，Sweet & Maxwell，1987：114~116.

原因在于一些条约的原则性太强，或者内容太抽象，不适合直接适用。另外，国际法是自成体系的法律规则，与国内法规则既有联系亦有区别，国际条约进入一国的国内法体系不可能全部都无障碍进入。需要根据实际情况进行区分，从而选择合适的条约适用方式。

条约通过纳入或转化的方式被接受为国内法后，经过转化而成为国内法的条约，其在国内的适用与其他国内法并无二致。如果条约被纳入国内法，那么国内的行政和司法机关适用条约的方式与国内法是否一致？在另一个层面，国内的诉讼当事人是否也可以像引用国内法那样以条约作为主张自己权利的法律依据？也就是说，在国内哪些条约可以直接作为国内机关直接适用的对象，哪些条约不能直接适用，直接适用的条约是否能够与对国内法的适用一样没有区别？

瑞士学者托马斯·柯迪尔教授认为，可援引性问题在美国国内法中被称为自动执行条约问题。这一问题，在采取转化接受条约的国家，条约经过转化而成的国内法，与其本国的国内法的适用无两样，因而没有适用方面的问题。但纳入接受条约的国家，虽然该条约被接受为国内法，但其依然以条约的形式存在。被规定为自动执行的条约也就是直接适用的条约，可以在国内直接援引。

自动执行条约和非自动执行条约的区分标准在理论上是有争议的，即哪一类或哪一个条约采取自动执行或非自动执行没有统一的规则。在实践中也没有完全统一的做法，区分标准上有一定的任意性，这就使得区分标准存在一定的争议。[①] 区分标准的不明确造成了法庭适用条约的混乱和迷惑。美国的学者们认为，自动执行的条约，是指法院可以直接加以适用的条约，非自动执行的条约则需要国内进行立法才能适用，因

① Carlos Vazquez, The Four Doctrines of Self-executing Treaties, The American Journal of International Law, 1995 (89): 698.

此法院不会直接适用。①很明显，这是一个循环定义。对于条约条款是否需要立法加以实施没有指导意义。有些条约的条款明确指出该条款需要立法以实施，这些条款毫无疑问是非自执行条款。但是条约中如果没有类似的规定，那么美国法院有可能会在某一案件中认为某条约条款意思不明确需要立法实施，而在另一案件中相同的条款则认为属于自动执行条款，就像福斯特案及帕尔谢曼案那样。这样的情形在美国的司法实践中并不少见。

一、美国自动执行条约的标准

美国在条约直接适用方面的实践历史很悠久，理论也非常丰富，通过探讨美国的自动执行条约理论，以探讨可直接适用条约的甄别条件和标准。

1829 年在“福斯特诉尼尔森案”中，美国联邦最高法院法官马歇尔首次提出自动执行条约与非自动执行条约的概念。② 在该案中，马歇尔法官宣告：“条约不是立法行为，根据其本质条约是不同国家之间的契约……根据美国宪法，条约应该是美国国家的法律，它可以被视为美

① Quincy Wright, National Courts and Human Rights—The Fujii Case, American Journal of International Law, 1951 (45): 63; Marjorie Whitema, Digest of International Law, Government Printing Office, 1970: 304~305.

② 该案的大概情况是：1800 年西班牙与法国缔结 St. Iidefonso 条约，将自己在北美的殖民地划归法国所有。根据西班牙的解释，该条约仅涉及路易斯安那。1803 年，法国将条约涉及的土地出售给美国。1810 年，美国认为西班牙根据 St. Iidefonso 条约已经将自己的全部殖民地让渡于法国，法国随后卖给美国。经过美国和西班牙一系列摩擦，两国于 1818 年签订条约，承认美国拥有东西佛罗里达的领土，并规定此前经由西班牙政府所获取的土地也仍具有法律效力。1826 年，James Foster 和 Pleasants Elam 共同向地区法庭提出诉讼，要求路易斯安那的一块土地，他们在 1804 年经由西班牙政府获得该土地。被告 David Neilson 则认为，该区域已经归美国所有，西班牙政府无权将土地授予他人。原告以 1818 年的《美西条约》反驳，称条约已经认可此前经由西班牙政府获得之土地。地区法院支持被告的意见，原告向美国联邦最高法院提出上诉。

国的立法，前提是这项条约不需要额外的立法就可以自动实施。但当条约是针对政治部门的，并且从文字上可以看出，条约是一项契约，这样的条约要在法院得到实施之前，必须先由立法机关进行立法。”[①] 美国联邦最高法院认为，美国对外缔结之外交协议属总统及国会的“政治权利”范围，无法自动适用于国内司法机构。而门罗总统及国会通过的关于美国合法拥有相关领土的法案是具有国内法律效力。法庭不应越权依据外交条约而否定国内法律。据此，美国联邦最高法院维持原判。从此，美国出现了一项不同的法律适用原则，即认为条约是国内法，条约的适用与国内法无异，除非条约属于非自动执行条约，需要先进行立法才能够实施。[②]

美国将条约分为自动执行与非自动执行条约制度具有以下特征：(1) 美国宪法规定条约是国内法的一部分，与宪法具有同等的地位，这是将条约区分自动执行与非自动执行的前提。(2) 对象是美国已经批准并已经对美国生效的条约，尚未对美国生效的条约或者是美国提出保留的条约不在考虑之列。(3) 适用的主要目的是识别哪些条约在美国法院中可以被个人援引。[③] (4) 区分自动执行条约和非自动执行条约将条约划分为两类，而划分的标志是是否需要国会进行实施立法。

对自动执行条约及非自动执行条约进行区分也是对立法机关和司法机关执行条约的责任的分配，但这种责任的分配是暂时的。司法机关适用国内法律规定即使这项法律规定与条约相冲突。立法机关最终控制着司法机关在条约适用中的角色。自动执行和非自动执行条约区分的实质就是什么样的条约立法机关授予司法机关直接适用的权力，什么样的条

① 王勇：《条约在中国适用之基本理论问题研究》，法律出版社2007年版，第143页。

② Carlos Manuel Vazquez, The Four Doctrines of Self－executing Treaties, The American Journal of International Law, 1995 (89): 700.

③ 陈卫东：《论美国对自动执行和非自动执行的区别》，载《法学评论》2009年第2期。

约立法机关移除或修改司法机关直接适用的权力。探讨条约自动执行与非自动执行区分的标准就是为了在立法机关没有额外地作出规定的情况下，判断立法机关是否允许某一项条约或某一类条约可以在法庭上援引。

在具体的司法过程中，出现以下四种情况的时候需要专门的立法即非自动执行条约：条约规定需要进行专门的立法以实施条约；条约规定的事项属于修改或建立宪法规范的范畴；条约规定的内容属于宪法规定需要进行立法才能够实施的事项；国内法没有授权原告适用条约的权利。[①] 从非自动执行的条约的情况也可窥见一些区分自动执行与非自动执行条约的标准。

（一）尊重条约的履行

美国最早的条约适用制度，是从沿袭英国的条约适用制度开始的。根据英国基本法的规定，所有的条约都是非自动执行的。由于立法的滞后以及美国各州对于履约不积极，导致了美国签订的很多条约都成了一种摆设，一而再、再而三的违约促使制宪者齐聚费城，为了解决这一问题，美国制宪者提出两种改革的方案，第一种方案在适用条约上，保留了通过立法来将条约转化为国内法的做法。第二种方案则是制定一个最高条款，直接授予条约国内法的效力，而不需要联邦或地方另行立法。

美国著名法学家斯托里认为：“条约具有国内法的效力是不可缺少的，条约应像其他国内法一样被法庭执行和遵守，条约作为国内法被实施还是作为一项契约被实施的不同在于，如果条约作为最高法律，那么法院将可以在所有的案子里公正的适用条约，但如果是作为一项契约，

① Carlos Manuel Vazquez, The Four Doctrines of Self - executing Treaties, The American Journal of International Law, 1995 (89): 694.

那么法院适用条约将是一件很尴尬很窘迫的事情，他们可能被迫将条约的管理责任推卸给其他的国家机关。"①

最终美国采纳了第二种方案。《美国宪法》第 6 条第 2 款对条约的适用作出了规定。② 这一条款适用于条约与国内法发生冲突时的冲突解决条款，该项条款只适用于条约在美国属于直接适用的情形，在不是直接适用的情况下，即非自动执行时，条约通过立法转化为国内法，条约转化过程便已消解了冲突。设立这一条款的初衷是为了减少违反条约的情况，并且促使条约的适用而不需要通过国家和联邦立法机关的额外授权。从美国的实际案例来看，归为非自动执行的条约的种类和范围是非常狭窄的。后来出现的对自动执行条约和非自动执行条约的区分，是对宪法这一条款的注释。

（二）条约缔约者的意图

根据《美国宪法》最高条款，条约是不需要另行立法就可以直接在法院实施，在"福斯特诉尼尔森案"中，法院判例建立了一个不同的原则，认为只有条约是能自动执行的情况下，才不需要额外立法就可以适用。法院的这一判例限制了美国关于条约适用的最高条款的效力，法院的此项行为是区分自动执行条约和非自动执行条约的起源。

在"福斯特诉尼尔森案"中，法庭集中在对条约的语义的判断上，

---

① Carlos Manuel Vazquez, The Four Doctrines of Self - executing Treaties, The American Journal of International Law, 1995 (89): 694.

② 胡加祥:《一个学理与实践中的难题——条约与协议在美国的直接适用与间接适用机理分析》, 载《太平洋学报》2012 年第 3 期。《美国宪法》第 6 条第 2 款规定: 本宪法及依照本宪法所指定之合众国法律以及根据合众国权力所缔结或将缔结的一切条约, 均为全国的最高法律; 即使与任何一州的宪法或法律中的任何内容与之抵触时, 均不得违反本宪法。Constitution of the United States of America, 载 http: //heinonline. org/HOL/Page? collection = cow&handle = hein. usreports/constiusa0010&country_code = US&id = 1, 最后访问时间: 2015 年 4 月 3 日。

条约是否有明确的授权被认为是条约能否自动执行的条件，而在该案中条约规定“授权需要被批准和确认”。法庭以此认为该条约为非自动执行的条约，需要立法来保障其实施。

这种非自动执行的条约，它们本身并未意图影响法庭中个人的权利和义务，而是期待通过国内法立法来实现这一点。有的非自动执行的条约在条约中规定需要国内立法来保障条约的实施，描述这个问题比实际的执行要简单得多。如果在条约没有清晰地规定这一问题的情况下推断条约是否需要立法是有风险的。在这种情况下缔约国在条约中的语言表述就会导致需要进行立法，而不论该缔约国是否意图这样做。

在“福斯特诉尼尔森案”判决四年之后，在“美国诉佩尔奇曼案”① 中，诉讼当事人要求直接援引 1819 年的美西条约来主张自己的财产权利的问题。在该案中，被告依据《美西条约》的西班牙文本（该文本和英文文本有同等的效力）的第 8 条，该条款规定，西班牙政府的土地授权“应该保持批准和确认”。美国联邦最高法院推翻了“福斯特诉尼尔森案”中的意见，认定《美西条约》第 8 条的西班牙文本表明该条约没有规定未来的立法行为，“本身就能适用”，因此能够无须事先的国内立法，就能被法院适用。虽然该案的判决结果与“福斯特诉尼尔森案”有自相矛盾之嫌，但在两个案件中，美国联邦最高法院都是运用条约条文来考察缔约双方是否意图“美国未来的立法”，并以此作为标准来判断相关条款是否在法院适用。

以当事方意图作为决定条约条款是否自动执行条款还存在很大的问题。条约的用语可能不是决定性的。费欧（Feo）就指出，即使使用将来性的语言也并不必然表示当事方意图使该条款成为非自动执行的条款。有些法院错误解释了条约中包含要求将来行为的条款的意思，认为

① United States v. Percheman, 32U. S. (7Pet.) 51 (1833).

此类条款是不能自动执行的。例如，契约性用语就必然会提及将来行动。但是只有要求政治性机关采取将来行动的条约才能被认为是非自动执行的。如果只是针对个人将来行为的条款就并不必然表明缔约当事国具有将此条款视为非自动执行条款的意图。比如，某国际条约规定每一缔约国的公民应当有在其他缔约国领土上自由旅行的权利。这样的条款本质上是自动执行的。尽管使用了将来性的语言，但是该条款并不要求政治性机关采取行动，从而在满足其他要件的情况下可以在法院直接实施。[①] 另外，禁止性条款似乎应当是自动执行的，但是在一些情况下，如果禁止性条款不够具体，同样无法确定该条款自动执行的意图。[②] 最后，就像沙赫特和艾森菲尔德（riesenfeld）所指出的，对于多边条约来说，很难评价当事国是否对某一特定条款具有自动执行的意图。如果一国采用转化方式接受条约，也就没有必要区分自动执行与非自动执行条约。[③] 艾森菲尔德还写道，尽管通过考察当事国意图以确定条约条款是否为自动执行条款的做法受到了许多学者与司法实践的支持，但是先考察当事国的宪法而非可疑的意图似乎更加合理。[④]

（三）合宪性

合宪性以条约所涉内容是否属于国会专属立法权的范围作为判断的

① See Edwin F. Feo, Self-Execution of United Nations Security Council Resolutions Under United States Law, UCLA Law Review, 1976（24）：394；Oscar Schachter, The Charter and the Constitution：The Human Rights Provisions in American Law, Vanderbilt Law Review, 1951（4）：645.

② See Edwin F. Feo, Self-Execution of United Nations Security Council Resolutions Under United States Law, UCLA Law Review, 1976（24）：395.

③ Oscar Schachter, The Charter and the Constitution：The Human Rights Provisions in American Law, Vanderbilt Law Review, 1951（4）：654；Stefan A. Riesenfeld, The Doctrine of Self-Executing Treaties and GATT：A Notable German Judgment, American Journal of International Law, 1971（65）：550.

④ See Stefan A. Riesenfeld, The Doctrine of Self-Executing Treaties and GATT：A Notable German Judgment, American Journal of International Law, 1971（65）：550.

标准。条约所涉的事项或者主题如果是在国会立法权限范围之内的话，这样的条约应该属于非自动执行条约。反之，它就是自动执行条约。这一标准得到了美国大多数法官和学者的赞同。①

美国立法权由国会行使，缔约权由总统行使，缔约权应属行政权的范畴，基于行政权不能够替代立法权以及美国行政机关和立法机关之间权力制衡的要求，合宪性标准得到了广泛的支持，合宪性标准具有很大的确定性，是因为宪法对此已经有了明确的规定，法院只需根据宪法进行硬性推断。在美国因合宪性标准而导致条约非自动执行的情况非常罕见。② 对合宪性标准应该进行严格适用，而不能被任意扩展适用。③

（四）可诉性

条约具有可诉性首先是其具有可司法性，其次是个人拥有诉权。可司法性主要是指条约内容，不管是权利还是义务，是否属于法院管辖范围。条约可以由法院进行审理，即具有可司法性。如果是政治性的应由政府机关实施的，则不具有可司法性。

实践中“恳求式”或“劝告式”的条约被认为不具有司法性，这类条约在语言表述上多有诸如：尽最大努力、尽力合作以实现相关目标、促进或鼓励相关目标实现等。这类条约应属于非自动执行条约。

在条约具有可司法性的基础上，是不是就可以自动执行了？这是不一定的，因为还需要满足第二个条件，个人拥有诉权。个人拥有诉权的前提是个人与条约是否具有法律上的直接利害关系。也就是说，条约对

---

① 美国法学会编纂 1987 年《美国对外关系法重述（第三次）》中有相关表述。参见 Restatement (Third) of the Foreign Relations Law of the United States 1987。

② Jordan J. Paust, Self－Executing Treaties, American Journal Of International Law, 1998 (82): 778～780.

③ 陈卫东：《论美国对自动执行和非自动执行的区别》，载《法学评论》2009 年第 2 期。

于个人的权利和义务是否进行了规定，当条约直接规定了个人的权利和义务时，个人才可以援引条约诉诸法律。那么如何判断条约是否可以被个人援引呢？伯克法官认为，条约内容中明确规定或者可以推断出其提供一项个人诉权，只有在这种情况下，个人才能向法院援引该条约予以适用。[①] 上述观点得到了美国各级司法机关的认可，即只有条约本身授予个人诉权的情况下，才能够在法院直接适用。但也有学者对此提出疑问，认为条约赋予个人诉权不同于个人在诉讼中援引条约，后者要比前者范围更广泛。[②] 事实上，条约往往是规范国家之间关系的，其规定的义务也是限于国家的义务，大多数的条约不会直接或隐含地规定个人诉权。并且个人诉权也无须来源于条约，根据国内法，个人也一样可以启动司法程序，当国内法与条约冲突时，个人仍可以援引条约支持自己的观点，所以美国联邦下级法院的这种做法有不尽合理之处，但这种以个人诉权为标准区分自动执行条约与非自动执行条约的做法却有蔓延之势。

二、荷兰、瑞士、法国等国家的自动执行条约制度

自动执行条约的概念在采用自动纳入的国家中并不陌生，但这一概念在实施条约方面所起的作用在这些国家中千差万别。下面以荷兰、瑞士和法国为例来说明自动执行条约制度。

（一）荷兰

自动执行条约的概念在荷兰扮演着非常重要的作用。根据 1956 年《荷兰宪法修正案》第 65 条和第 66 条的规定，只有当条约的内容可以

---

① Tel-oren v. Libyan Arab Republic，726 F. 2d 774，D. C. Cir，1984：808.

② David Sloss，Schizophrenic Treaty Law，Texas International Law Journal，2007（43）：23.

对任何人产生拘束力时，条约规定才有拘束效力并优先于国内法。[①] 潘霍斯（Panhuys）认为，第 65 条和第 66 条所规定的"拘束于任何人"指的是自动执行条约。[②] 这两项条款意图并不是要限制公约在荷兰的适用，但荷兰的法院有时却对其作非常狭窄的理解。

在梅特斯案（Institute national des appellations d'orgine des vins et eaux de vie v. J. Mettes）中，根据 1935 年《法国荷兰商业条约》第 11 条的规定，缔约国承担保护来自另一缔约国领土的产品不受不公平竞争的影响，如禁止采取产品的原产地规则等预防性措施。荷兰最高法院认为这一条款所规定的不采取特定行为的义务是针对批准该条约的国家，而不是个人（"任何人"）。因此，该条款为非自动执行条款。荷兰最高法院对"拘束于任何人"采取了限制性解释，从而拒绝直接适用条约。最高法院的这一判决被潘霍斯所批评，他指出，1935 年《法国荷兰商业条约》第 11 条措辞如此之严谨以至于它能够在法律诉讼程序中被法院所适用。[③]

1968 年，荷兰最高法院在一个案件中判定 1924 年《统一提单的若干法律规定的国际公约》不可自动执行，因为公约的议定书规定当事方可以通过立法来赋予公约以国内法上的效力。法院认为这一措辞表明该公约的缔约国并没有意图使该条约成为自动执行条约。艾德斯（Erades）对此持不同意见，"1924 年《统一提单的若干法律规定的国际公约》起草之时，自动执行条约只是纯粹与美国联邦宪法有关的概念。条约的自动执行的性质并未引起当时的国际法学界注意。这表明议

---

① Basic Law of the Kingdom of the Netherlands，http：//heinonline. org/HOL/Page？handle=hein. cow/zznl0011&collection=cow，最后访问时间：2015 年 4 月 12 日。

② See Jonkheer H. F. van Panhuys，The Netherlands Constitution and International Law—A Decade of Experience，American Journal of International Law，1964（58）：88~100.

③ See Jonkheer H. F. van Panhuys，The Netherlands Constitution and International Law — A Decade of Experience，American Journal of International Law，1964（58）：102.

定书不可能具有最高法院赋予它的‘非自动执行性’”。他接着指出，“1953年及1956年修改《荷兰宪法》的目的是使荷兰的法律秩序向国际法开放。而1956年宪法对自动执行条约理论的引进在实践中被证明具有相反的效果。该案很清楚地揭示了自动执行条约理论已经成为一个过度膨胀的气球，而现在正是将它刺破的时候了”。①

与上述案件不同，荷兰法院认为《欧洲人权公约》中的大部分条款可以“拘束于任何人”，因此是自动执行的。② 在荷兰法律界，大家普遍认为公约的目的在于赋予个人权利与自由，个人可以在国内法律秩序中通过主张公约规定的权利与自由以使自己获益。③ 在讨论条约是否是自动执行的标准时，荷兰学者提到了“意图”及“需要进一步立法或行政行为”。荷兰最高法院认为，就荷兰法律来说，国际条约是否能够自动执行的问题取决于法院对它们的解释。当与之有关的案件产生，法院必须根据条约的用语解释条约。④ 因此，根据《欧洲人权公约》的目的，法院认为《欧洲人权公约》在大体上是可以自动执行的。

其他决定条约条款是否为自动执行性质的要素，如权力制衡、敏感性政治问题等，虽然在美国司法实践中很重要，但在荷兰由于宪法第65条、第66条的规定而显得没有那么重要。⑤ 条约的用语及当事方意图是判断“拘束于任何人”的最重要的因素。

---

① See L. Erades, The 1924 Brussels Convention on Bills of Lading is Non-Self-Executing, Netherlands International Law Review, 1969 (16): 99~100.

② See L. Erades, The 1924 Brussels Convention on Bills of Lading is Non-Self-Executing, Netherlands International Law Review, 1967 (14): 13.

③ See L. Erades, The 1924 Brussels Convention on Bills of Lading is Non-Self-Executing, Netherlands International Law Review, 1966 (13): 342.

④ See L. Erades, The 1924 Brussels Convention on Bills of Lading is Non-Self-Executing, Netherlands International Law Review, 1966 (13): 343.

⑤ See L, Erades, The 1924 Brussels Convention on Bills of Lading is Non-Self-Executing, Netherlands International Law Review, 1966 (13): 345.

除与《欧洲人权公约》有关的案件外，荷兰法院倾向对“拘束于任何人”作非常狭窄的理解。这被艾德斯、潘霍斯等学者批评。拉迪（Lardy）也认为，这是一个危险的倾向，会使荷兰法律体系中国际条约优先于国内法的规定变得不确定。①

（二）瑞士

条约条款是否为自动执行的问题在瑞士不是一个重要问题。文德哈勃（Wildhaber）写道，瑞士的法律实践中，对条约没有做自动执行或非自动执行的区分，即使是关于国内刑罚作出规定的条约，法院也毫不犹豫地加以适用。② 马林温里（Malinverni）认为，瑞士联邦法院对直接适用的概念有着宽泛的理解。③ 在1972年的一个判决中，④ 瑞士联邦法院对自动执行条约的描述为：国际条约通过联邦议会批准纳入联邦法律中，当条约规则为行政机关及公民创设义务时，它们是可直接适用的……因此，如果某条约条款包含着足够精确的法律规则并且可为具体案件提供法律基础，则个人可以在法院援引该条约条款。这与那种指导当事国的立法，并针对当事国立法机关的条约是不一样的。

在另一个案件中，瑞士联邦法院认定《斯德哥尔摩公约》第16条第1款，即建立欧洲自由贸易联盟的条款可以被直接适用，这一条款要

---

① See Virginia A. Leary, International Labour Conventions and National Law: The Effectiveness of the Automatic Incorporation of Treaties in National Legal Systems, Martinus Nijhoff Publishers, 1982: 67.

② See Luzius Wildhaber, Treaty - Making Power and Constitution, Helbing & Lichtenhahn, 1971: 206.

③ See Virginia A. Leary, International Labour Conventions and National Law: The Effectiveness of the Automatic Incorporation of Treaties in National Legal Systems, Martinus Nijhoff Publishers, 1982: 68.

④ See Virginia A. Leary, International Labour Conventions and National Law: The Effectiveness of the Automatic Incorporation of Treaties in National Legal Systems, Martinus Nijhoff Publishers, 1982: 68.

求给予成员国国民非歧视性待遇。尽管第 16 条第 1 款的表述非常原则，并且该条第 2 款还规定成员国通过立法以给予第 1 款原则性的规定以效力，但法院仍认为第 16 条第 1 款为自动执行条款。[①] 此外，瑞士联邦法院也没有特别强调当事方的意图作为确定条约为自动执行条约的重要因素。

（三）法国

法国关于条约适用实践的著述中，学者们很少对条约条款的自动执行性质给予重视。在《缔约权与宪法》一书中，文德哈勃在介绍美国、瑞士、奥地利等国的条约制度和条约适用时曾经提到关于自动执行的条约的话题，但在关于法国的条约适用问题上，却没有提及任何关于自动执行条约的问题。[②] 拉迪简要地论述道，非自动执行条约，如那些缺乏必要的精确性以直接适用的条约，对法国在这方面的宪法规则来说明显是个例外；非自执行条款的适用取决于使它们生效的国内法。

法国实施《罗马条约》的长篇报告一般性地讨论了非自动执行条约的问题。这篇报告在涉及具体问题时，只讨论了与《罗马条约》有关的问题，并没有提及其他条约有关自动执行的问题。1973 年，瓦尔提克斯（Valticos）在有关法国适用《国际劳工公约》的报告中对自动执行的问题予以了较多的关注。他还特别提到，由于欧共体法的发展，直接适用条约的问题引起了学者们越来越多的兴趣。以上两篇报告对条

① See Virginia A. Leary, International Labour Conventions and National Law: The Effectiveness of the Automatic Incorporation of Treaties in National Legal Systems, Martinus Nijhoff Publishers, 1982: 68.

② See Luzius Wildhaber, Treaty-Making Power and Constitution, Helbing & Lichtenhahn, 1971: 198~234.

约自动执行性质的关注显然是受到了适用《罗马条约》的影响。[1]

（四）意大利

条约在意大利具有国内法上的效力并不是因为批准行为本身。而是需要通过执行令或实施令。同采取自动纳入的国家一样，意大利在适用条约时也存在条约是否为自动执行的问题。如果条约已通过实施法案（给予条约的充分完全实施效力的法案）纳入意大利国内法，那么该条约就具有完全的效力，但仅限于那些法律要素都完备的条款；而法律要素不完备的条款，尽管已有实施法案，但在国内立法机关采取必要措施使其完备之前，仍然缺乏效力。在实践中，由于实施令是实施特定条约的非常具体的立法行为，这使得意大利的法官们倾向尽可能地将条约条款解释为自动执行条款以使它们有效。[2]

康多惹尼（Condorelli）对意大利法院与欧洲法院在确定条约自动执行性质方面所采用的标准做了对比，他写道，“我认为以上评论清楚地揭示了有关非自动执行条约现象的两个不同的概念。在卢森堡，条约的某一条款被放在整个条约的一般原则下进行评价，而在罗马，法院考虑的是每一项具体条款，并且判决是在条约条款的特殊程度及可被法院适用的程度上作出”。[3] 他强调由于法院采取了不同的标准，因此条约在一个法律体系中为自动执行条约，而在另一法律体系中却可能被确定

---

① See Virginia A. Leary, International Labour Conventions and National Law: The Effectiveness of the Automatic Incorporation of Treaties in National Legal Systems, Martinus Nijhoff Publishers, 1982: 69.

② See Virginia A. Leary, International Labour Conventions and National Law: The Effectiveness of the Automatic Incorporation of Treaties in National Legal Systems, Martinus Nijhoff Publishers, 1982: 70.

③ See Condorelli, EEC Treaty and GATT, Italian Yearbook of International Law, 1977: 21 ~ 22.

为非自动执行条约。

从上述国家条约自动执行的情况可以发现，“自动执行条约”的概念产生于美国法，常用来描述可以被法院直接适用的条约。其他国家也有与之类似的概念。各国的法院实践有很大差别。有些国家对于条约条款的直接适用进行了狭义的解释，而在另一些国家则有着相反的趋势。各国法院在决定条约是否为自动执行条约时所采用的标准也不一样。有些国家将当事方的意图作为确定特定条款是否为自动执行的决定性因素。但这种观点受到了批评，自动执行条约的概念在采取转化方式接受条约的国家是不存在的，这种情况从反面证实了用当事方意图判断条约是否可自动执行的不科学。某些国家的法院对于抽象概括且缺乏具体规定的条款倾向于认定为非自执行条款，另一些国家的法院则可能认为适用原则性条约条款并没有困难。在一些国家中，法院在确定条约是否为自动执行条约时，还特别考虑条约的目的。即使采取相同的判断标准，法院也未必会得出相同的结论。因此，尽管自动执行条约这一概念被宽泛地应用于采取自动纳入的国家，但特定条约的某一条款是否会被法院直接适用仍然缺乏确定性。

三、条约直接适用标准的影响因素

一项条约如何在国内得到实施，换言之，缔约国选择什么样的条约适用方式，原则上是缔约国国内的事情，[①] 是由缔约国自己来决定的，一国在具体决定其缔结或参加的国际条约的直接适用性时，往往需要考虑以下因素：

---

① 之所以说是原则上，是因为随着晚近国际法的发展，国际法对条约在一国如何适用的问题开始有所干预，一些国际条约明确规定缔约国需要制定相应的国内法以履行条约义务。在这样的情况下，缔约国需要制定、修改、补充国内法以履行条约义务，缔约国履行条约的方式，受到了限制。

（一）条约的规定

首先，条约是否被直接适用，取决于条约本身的情况。如果条约的内容比较清晰具体，具有可操作性，就具有了被直接适用的基础。如果条约条文的规定是属于忠告或语言表述模糊的，往往无法直接适用。这类条约需要以立法补充规定。

其次，要符合条约的要求。随着国际法的发展，条约在一国如何适用受到了条约自身的要求。比如，一些多边条约会明确要求缔约国制定相应的国内法来履行条约义务。[①] 在这种情况下，缔约国通过制定相应的国内法以达到条约适用的目的，既是条约本身的要求，也是缔约国履行条约义务的体现。

（二）国际法理论的影响

国际法与国内法的关系是国际法理论和实践中的一个十分重要的问题，在关于国际法与国内法的关系的学说中，最为重要的是一元论学说与二元论学说。其中一元论认为，国际法与国内法的调整对象都是人与人之间的关系，属于同一个法律体系。而二元论认为国际法与国内法分属于两种不同的法律体系，国际法的主体是国家，国内法的主体主要是国家中的个人；国际法规定的是平等国家相互间的关系，国内法规定隶属于国家的个人与个人的关系；国际法的法律渊源是"多数国家的共同意志"，国内法的法律渊源是有关国家自身的意志即一国单独的意志。

自 19 世纪末，二元论逐渐受到挑战，20 世纪初形成了一元论的国内法优先学派。之后，一元论分化成为国内法优先论和国际法优先论两派，随着两种学说的发展，国际法优先说逐渐占据了上风。国内法优先

① Antonio Cassese, International Law, Oxford: Oxford University Press, 2001: 167.

论学说认为，国家享有绝对的主权，有权决定在什么条件下以及以什么方式受国际法的约束，而国家作出这种决定完全是主权国家的事情，完全以自己的法律为转移，国家在任何时候都有权以与国家利益不否为由解除其承担的国际义务。[①] 国内法优先说从根本上否定了国际法存在的事实和作用，将此学说运用于实践，会产生少数国家将本国意志强加于他国的情况，20 世纪 30 年代，此学说曾受到法西斯政权的推崇，之后便很少有人支持了。

国际法优先论学说认为，国际法的效力优于国内法。[②] 国际法优先论是在世界各国需要在世界范围内加强协调行动的情况下，特别是在同经济问题、环境污染和恐怖主义威胁作斗争的国际背景下发展出来的。具有很强的合理性，但国际法优先说认为国内法的效力是来源于国际法的，这一观点受到了学界的批评。

一元论中的国内法优先说具有明显的缺陷，一元论国际法优先说也未得到国际社会的普遍认可，二元论所表达的国际法与国内法的异质性也受到了质疑，[③] 为了科学揭示国际法与国内法的关系，学界又有自然协调论、法律规范协调论、利益协调论等学说。这些学说均以一元论和二元论为基础，并尽量避开一元论与二元论的不足，而采纳其合理的地方，试图找到一种协调一致的理论。

一元论与二元论的学说与条约适用方式——直接适用和间接适用并没有必然的对应关系。也没有确定的证据证明某一国家是采一元论还是二元论的学说，但仔细分析就会发现其特征却有互相契合的地方，比如一元论国际法优先说中，最有代表性并影响深远的代表人物是美国的汉斯·凯尔森，认为国际法与国内法属同一法律体系，更容易接受直接适

① 赵建文主编：《国际法新论》，法律出版社 2000 年版，第 39 页。
② 赵建文主编：《国际法新论》，法律出版社 2000 年版，第 39 页。
③ 万鄂湘主编：《国际法与国内法关系研究》，北京大学出版社 2011 年版，第 18 页。

用的方式，如美国和荷兰都是纳入方式接受条约的，虽然对纳入的条约区分为自动执行和非自动执行，但自动执行的条约即直接适用的条约占很大比例。当国际法与国内宪法发生冲突时，美国、荷兰等国往往推定二者没有冲突，然后自行修改与国际法相抵触的国内宪法条款。

二元论认为国际法与国内法分属不同的法律体系，强调其差异性，英国学者伊恩·布朗利认为："任何法律秩序都无权创设或改变其他法律秩序中的规则。当国内法规定国际法作为整体或部分可在一国管辖权范围内适用时，这只是国内法权利的体现，是对国际规则的采纳或转化。"英国是典型的采转化方式接受条约，从而间接适用条约的国家。

德国 1871 年至 1919 年处于德意志帝国的统治之下，这一时期，国内采取的是严格的二元论。在适用方式上采取的也是间接适用，条约需要转换为德意志帝国法才能在国内适用。①

（三）宪法与历史性因素

条约在国内采用直接适用还是间接适用，一般会在该国的宪法或宪法性文件中进行规定，这与一国的宪法及历史有着密切的关系。比如阿根廷在 1994 年之前，国内对人权条约的适用是一种不明确的态度，国家的人权状况比较糟糕。国内大选之时，为争得民众的支持，国内的政党均表示要修改宪法以改善阿根廷的人权保护状况。阿根廷宪法修改后规定，对于重要的国际人权公约，均以纳入的方式予以接受，作为国内法的一部分。这并不能当然地导致条约在阿根廷的直接适用，为在国内的直接适用创造了条件。是阿根廷人权保护的重大进步。

美国独立后，法律适用方面采取效仿英国的做法，即必须由立法机

① ［德］沃尔夫冈·格拉夫·魏智通主编：《国际法》，吴越、毛晓飞译，法律出版社 2012 年版，第 138 页。

关将条约转化为国内法后才能够适用。也就是说，美国联邦缔结的条约在美国国内各州是不直接具有法律效力的，需要各州通过立法来实施条约。在各州的立法机关怠于行使转化的立法活动的情况下，美国缔结的一系列条约得不到适用，尤其是与英国签订的条约，受到了英国的强烈谴责。在这种情况下，美国通过宪法规定了条约的法律地位，为条约在国内的直接适用打下了基础。随着国际社会的不断发展，绝对的直接适用已无法适应国际法的发展，无法更好地维护国家利益，美国又通过联邦最高法院的案例，在司法实践中逐步确立了自动执行条约和非自动执行条约制度。非自动执行条约，不能直接适用条约本身，而是通过适用国内立法机关将其转化的国内法来达到适用条约的目的。

第三章　条约的间接适用

条约转化为国内法在国内间接适用，或基于条约的要求或基于一国的主动选择。有的国家通过宪法规定条约在国内的间接适用，有的国家通过国内法规定条约的间接适用，也有的国家通过判例法来确定条约在国内采取间接适用的方式。目前各国实践中存在两种典型的采间接适用的模式，分别是以美国为代表的区分条约自动执行与非自动执行的间接适用，以英国、意大利为代表的采转化接受方式的条约的间接适用。条约在国内间接适用的立法方式呈现多样化，不同国家的立法表现不同。一个比较好的国内履约立法应该符合一定的标准，以保证在各缔约国之间无差别地适用条约。

第一节　条约间接适用概述

一、条约间接适用的定义

间接适用是指条约经一国接受后，需要经过国内立法，将条约的内容规定到国内法中，或者通过国内立法将条约内容进行细化，才能由国内的司法机关进行适用。采用间接方式适用条约的国家，司法机关不能直接适用条约，只有经过立法转化后才可以适用。

条约直接适用与间接适用最根本的区别是：条约是否能够以其原本的面目在缔约国国内执行。直接适用是国际法规则直接在国内具有约束力，并能为国内司法所援引。间接适用中，国际法规则的形式发生了变化，不再以其本来面目呈现，而转变为国内法规则，国际条约的内容在转变过程中也有可能改变。适用的结果与直接适用国际法规则的结果也可能出现不同。

接受方式为转化的国家，在接受环节通过立法机关将条约有关具体规则转变成了国内法。如果国内法对条约规定缺失则制定新的国内法，如条约的规定与现有的国内法发生冲突则修改现有的国内法。无论是采取立法还是修法的方式，条约不管在内容上还是形式上都发生了改变，这时对条约的适用就是间接适用。

二、间接适用的条约与从条约转化而来的国内法的关系

间接适用的条约，条约转化成了国内法，以国内法的面目在国内适用，转化的立法或修改法的国内法性质，不存在异议。转化的立法或修改法与其他国内法之间的关系与国内法之间的关系无异。

间接适用的条约与为适用条约而制定或修改的国内法之间的关系是怎样的呢？直接适用的条约以条约的本来面目应用于一国的实务中，在具体操作上不存在因规定内容的差异而发生的矛盾。间接适用的条约与转化的立法或修改法之间却可能存在不同，这种不同体现在内容的改变、增加或者减少。对于条约与经过转化后的国内立法之间内容上的不同，在条约适用时应以何者为准呢？各国的做法有以下几种类型：

（一）以条约为准

有的国家认为，条约的效力高于为适用条约而进行国内立法所形成的法律条款的效力。[①] 一般而言，司法机关应以经过转化的国内立法为

---

① A/CN. 9/656, p. 6.

依据适用条约，但当二者存在冲突时，条约的效力高于国内立法条款。①

（二）以转化的国内法为准

有的国家认为执行条约的立法案文凌驾于条约案文之上。采间接适用条约的国家，有的将条约一字不差的转载于转化的国内法的附则中，但同时转化的国内法又包含改变了条约案文的条款，这种情况下，应以转化的国内法为准。有的国家以转述方式制定或修改国内法，这时应该以转化的国内法为准。

（三）未指明以何者为准

根据条约进行的立法或修改法中载有修改过的条约案文的条款，同时又在附则中将条约原始版本一字不改地转载，立法没有确定法院适用哪一个文本。例如，在《纽约公约》的履行报告中，有国家认为，在这种情况下，通用的做法是，法院适用国内法的条款，在确有必要的时候，也可以对条约条款予以适用。② 也就是说，在未指明何者为准的情况下，条约以及国内立法都有适用的可能。

间接适用相较于直接适用是否会削弱条约在一国适用的实效性？未必如此，条约的间接适用包含了一个制定国内法和解释条约的过程，实现了条约在国内的本地化，某种程度上更加有利于条约在国内的实施。

三、条约间接适用的原因

国家间接适用条约有的是基于本国的主动的选择，有的是基于条约

① A/CN. 9/656, p. 6.

② A/CN. 9/656, p. 6.

的要求。一般来说，国家间接适用条约在实践中分为以下几种情况：

1. 根据条约的要求，出于履行国际法义务的需要，必须对某些国际法规则进行间接适用，虽然条约在一国国内直接适用更加有利于实现条约的目的，但由于有条约规定的事项复杂多样，各缔约国的政治、经济、文化等背景的差异也使订立统一明确的标准难度很大，很多条约使用相对模糊的表述也是这个原因，基于此，一些条约在条文中要求缔约国修改国内法以执行条约的规定。例如，1948 年《防止及惩治灭种罪公约》第 5 条①要求缔约国制定法律来执行条约的规定。《联合国消除对妇女一切形式歧视公约》在第 2 条、第 3 条、第 6 条中都提到：缔约国应采取一切适当措施，包括制定法律，以……可见为保障规定的妇女权益的实现，各国制定法律，以修改或废除构成对妇女歧视的现行法律、法规规章、习俗和惯例也是条约要求和缔约国的责任。

2. 根据条约所赋予的权利，在条约所确立的基本框架下，通过国内立法在国内具体实施有关规则，比如，《联合国海洋法公约》确认了领海、毗连区、大陆架等国家管辖海域制度，为了建立相应的制度，确定自己的海域管辖主张，很多国家都通过立法规定了本国的海洋法基本规则，中国也于 1992 年制定了《领海及毗连区法》，1998 年制定了《专属经济区和大陆架法》。

3. 条约自身的特点使得国家需要将其转化成国内法间接适用。有些条约内容本身就是原则性的，只能进行国内立法进行完善才具有可操作性；政治性的条约如同盟互助条约，此类条约规定的权利义务一般只涉及缔约国政府，而要将条约的效力扩及自然人和法人，就需要另行立法；现代各国实行的政治、经济制度及意识形态有很大差异的情况下，

---

① 1948 年《防止及惩治灭种罪公约》第 5 条规定：缔约国承允各依其本国宪法制定必要之法律以实施本公约各项规定。

多边条约又越来越多，为了达成一致意见，条约在用语时只能进行原则性的规定。对缔约国而言，只能根据该国具体情况制定国内立法方才可以予以适用。①

4. 国家自行决定在国内间接适用条约，是指国家选择通过将条约转为国内法的方式适用条约，有可能是国家宪法或法律中对此有统一的规定，也可能是一国逐渐形成的一种实践和传统。

第二节 条约间接适用的国内法依据

一、宪法规定条约的间接适用

对条约进行间接适用的国家，有的在宪法中就对条约的适用方式作出了明确的规定，比如，1999 年《芬兰共和国宪法》第 95 条规定：具有立法性质的国际条约和国际义务由法律规定而生效。其他情况下，国际义务由法令规定而生效。政府依据法律程序制定法令以履行国际义务……法律可以明确规定承担国际义务须另行颁布法令。涉及公开国际条约和国际义务内容的一般性条款由法律规定。② 2011 年《匈牙利宪法》第 9 条第 2 款规定：为了遵守国际法规定之义务，匈牙利应当确保其国内法与国际法保持一致。第 3 款规定：匈牙利认可国际法中普遍承认的原则。应当以颁布法律的方式使国际法中的其他法源成为匈牙利法

① 李浩培：《条约法概论》，法律出版社 2003 年版，第 390 页。

② Constitution of Finland，载 http：//heinonline. org/HOL/cowdocs? state = &tfile = fi_1999_orig_VC_eng. pdf，最后访问时间：2015 年 5 月 28 日。

律体系的组成部分。[①]2011 年《列支敦士登公国宪法》规定了应该以立法的方式来规定国际条约的法律适用。[②] 芬兰、匈牙利和列支敦士登在宪法中规定了应该以颁布法律的方式履行国际条约的义务，通过宪法确立了本国条约间接适用的模式。

也有的国家规定了条约在国内可以采取间接适用的方式，赋予条约在国内间接适用以宪法依据。如 2009 年《卢森堡大公国宪法》第 37 条第 4 款规定：大公[③]可颁布必要的条例和法令以实施条约。这些条例和法令的颁布采取与实施法律所采取措施一样的方式并具有相同效力，但不能涉及有关法律保留的领域。[④]

有的国家在宪法中规定某一领域的条约采用间接适用的方式。如 2002 年《摩纳哥公国宪法》第 70 条：国民议会表决预算。非经法律，不得设立直接或间接税。任何征收此税的国际条约或协议，仅得依照法律批准。[⑤]

二、其他国内法规定条约的间接适用

意大利是采条约间接适用的国家，意大利签订的条约必须通过立法

---

① Constitution of the Republic of Hungary，载 http：//heinonline. org/HOL/Page？ handle = hein. cow/zzhu0023&collection = cow，最后访问时间：2015 年 5 月 28 日。

② 2011 年《列支敦士登公国宪法》第 67 条第 2 款规定：法律、财政决定、国际条约、命令、国际组织的决定的公布方式和范围，通过立法方式规定国际条约的法律适用，国际条约在列支敦士登公国适用的法律规定，应以简化形式在外国法律汇编等特定出版物上进行公告。Constitution of the Principality of Liechtenstein，载 http：//heinonline. org/HOL/cowdocs？ state = &tfile = li_1921_ed2014_e. pdf，最后访问时间：2015 年 5 月 28 日。

③ 根据 1783 年 6 月 30 日的协定、1815 年《维也纳条约》第 71 条和 1867 年 5 月 11 日《伦敦条约》第 1 条的规定，大公国的爵位由拿骚家族世袭。

④ Constitution of the Grand Duchy of Luxembourg，载 http：//heinonline. org/HOL/Page？ handle = hein. cow/zzlu0002&collection = cow，最后访问时间：2015 年 5 月 28 日。

⑤ Constitution of the Principality of Monaco，载 http：//heinonline. org/HOL/Page？ handle = hein. cow/zzmc0004&collection = cow，最后访问时间：2015 年 5 月 28 日。

才能在国内生效，《意大利宪法》第10条规定了国内法应该符合国际法，[①] 即“被普遍认可的国际法准则”。“被普遍认可的国际法准则”是指国际习惯，不包括条约，[②] 这一规定虽没有直接规定条约适用的规则，但意大利的宪法规定外国人的法律地位由国内法进行规范，而不是适用国际条约的规定，至少在此问题上条约的适用是间接适用的。

事实上，意大利是典型的采用条约间接适用的国家。在 Lo Franco and others 诉 F. T. A. S. E. Verona 案中，审理法院认为，国家缔结的条约在国际层面上有效，在国与国之间发生法律效力，但这并不意味着条约就进入了意大利国内法律体系，还必须通过国内立法进行转化之后，方可在国内予以适用。[③]一般情况下，意大利会在条约被批准之前制定执行条约的国内法。在条约的适用不需要对国内法进行修改，或者重新制定的时候，执行条约的国内法往往以执行令形式存在，执行令不需要议会批准，只需总统发布命令即可。

三、判例法确定条约的间接适用

英国也是采间接适用最典型的国家，对条约采取转化的方式接受。条约在英国的效力和条约在英国的适用是两个相互独立的问题，按照英

① 《意大利宪法》第10条规定：意大利的法律规范应该符合被普遍认可的国际法准则，外国人的法律地位由符合国际条约和准则的法律进行调整。Constitution of the Italian Republic，载 http：//heinonline. org/HOL/cowdocs？ state = &tfile = it_1947_2012_parl_eng_2. pdf，最后访问时间：2015年5月18日。

② 43 Rivista di Diritto Internazionale 519，522（1960）. 该案为宪法法院1960年第32号裁决。在 Regione Trentino-Alto Adige 诉 Presidente del Consiglio dei minstri 案中，宪法法院认为，宪法第10条指的是公认国际法规则，不是指在国际层面作出具体承诺，这种解释可以从第10条的文义和起草该条的准备资料中得出。《意大利宪法》第10条的规定意味着，习惯国际法可以自动的接受为意大利的国内法，但该条不包括条约。司法机构适用条约，其依据的是接受条约为国内法的法律（执行条约的法律）。

③ 67 Rivista di Diritto Internazionale 672，1984；676. 该案为上诉法院1984年第1920号裁决。

国的传统，条约不能自动在英国实施，条约签订并经英王签署之后，就意味着该项条约已经对英国具有约束力，但条约必须再经过议会立法才能在国内适用。英国议会在国内拥有立法的垄断权。[①] 条约必须经过“转化”才能够适用于英国，条约在英国法律制度中的地位低于制定法。

采用间接适用的方式是因为在英国国际条约一般由行政机关进行谈判和缔结，采间接适用可以防止行政权力不通过议会同意缔结条约以在实质上行使了立法权的情况，以此限制行政机关的权利，维护议会的立法权威。如果行政机关缔结条约后，不必经过议会的批准，不仅造成了行政权对立法权的侵害，也可能加重人民的义务。所以，在英国，已经得到批准的条约，也得由立法机关将条约转化为国内法，通过制定国内法的方式让司法机关适用。[②] 奥利佛爵士在英国上院关于“麦克莱恩·华生诉贸易工业部案”（Maclaine Watson v. Department of Trade and Industry）的裁决中指出：一项条约只有并且直到通过立法后才能成为英国法律的一部分。[③]

第三节　条约间接适用的两种模式

一、条约的非自动执行——以美国为例

根据《美国宪法》的规定，条约自动成为国内法的一部分，取得

① 陈弘毅等合编：《香港法概论》，三联书店有限公司1999年版，第9页。
② 李浩培：《条约法概论》，法律出版社2003年版，第315页。
③ ［英］马尔科姆·肖：《国际法》，白桂梅译，北京大学出版社2011年版，第137页。

国内法的效力。在将条约纳入国内法律体系之后，在条约适用方式上将条约区分为自动执行条约和非自动执行条约。非自动执行条约就是我们所说的间接适用。如上文所述，自动执行条约和非自动执行条约的概念最早由美国最高法院法官马歇尔在1829年的“福斯特诉尼尔森案”中提出。非自动执行制度将已经接受为美国法的条约分为两部分，非自动执行的条约不能够直接在美国法院援引，需要国会另行制定法律。

对自动执行条约及非自动执行条约进行区分具有权力分配的功能，是对立法机关和司法机关执行条约的责任的分配，但这种责任的分配是暂时的。司法机关适用国内法律规定即使这项法律规定与条约相冲突。立法机关最终控制着司法机关在条约适用中的角色。区分自动执行和非自动执行的条约就是帮助区分什么条约立法机关授予司法机关直接适用的权力，什么条约立法机关移除或修改司法机关直接适用的权力。

哪些条约在美国不能直接适用，是在宪法中予以明确规定的。《美国宪法》第1条第8款列举了美国国会的职权内容：规定并征收税金、捐税、关税和其他赋税，用以偿付国债并为合众国的共同防御和全民福利提供经费；但是各种捐税、关税和其他赋税，在合众国内应划一征收；以合众国的信用举债；管理与外国的、州与州之间的以及对印第安部落的贸易；制定在合众国内一致适用的归化条例和有关破产的一致适用的法律；铸造货币，调议其价值，并厘定外币价值以及制定度量衡的标准；制定对伪造合众国证券和货币的惩罚条例；设立邮政局及延造驿路；为促进科学和实用技艺的进步，对作家和发明家的著作和发明，在一定期限内给予专利权的保障；设置联邦最高法院以下的各级法院；界定并惩罚海盗罪、在公海所犯的重罪和违背国际公法的罪行；宣战，对民用船只颁发捕押敌船及采取报复行动的特许证，制定在陆地和海面虏获战利品的规则；募集和维持陆军，但每次拨充该项费用的款项，其有效期不得超过两年；配备和保持海军；制定管理和控制陆海军队的各种条例；制定召集民兵的条例，以便执行联邦法律，镇压叛乱和击退侵略；规定民兵的组织、装备和训练，以及民兵为合众国服务时的管理办法，但各州保留其军官任命权和依照国会规定的条例训练其民团的权力；对于由某州让与而由国会承受，用以充当合众国政府所在地的地区，握有对其一切事务的全部立法权；对于经州议会同意，向州政府购得，用以建筑要塞、弹药库、兵工厂、船坞和其他必要建筑物的地方，也握有同样的权力。① 这些内容包括征税、宣战、募军等。只要是与国会职权内容相关的条约，就属于非自动执行条约，必须经过立法机关制定国内法予以转化方可在国内适用。但美国非自动执行制度的出现没有从根本上改变美国条约以直接适用为主的状况。

非自动执行条约虽然是由国会制定，但国会根据条约制定的国内法，仍然不能和条约相违背，否则将得不到执行。美国合宪性司法审查会将与条约相悖的国内法宣称无效。②

美国关于自动执行和非自动执行的区分并没有建立确定的标准，这对于国际义务的履行是一个非常不利的因素，国家很有可能会利用非自动执行制度来规避义务的承担。③

条约在美国国内是自动执行的已经得到美国的宪法和判例的支持，但近年来，美国的行政机关宣布一些条约尤其是人权条约为非自动执行条约，这种肆意将条约划分为非自动执行条约的做法，是对美国宪法精

---

① Constitution of the United States of America，载 http：//heinonline. org/HOL/Page? collection = cow&handle = hein. usreports/constiusa0010&country_code = US&id = 1，最后访问时间：2015 年 4 月 3 日。

② Thomas Buergenthal，Modern Constitution and Human Right Treaties，Columbia Journal of Transnational Law，1997（36）：221.

③ 吕宏：《论国际条约在美国的司法执行》，中国期刊全文数据库博硕士论文。

神的违背。①

二、采用转化接受方式的条约的间接适用——以英国、意大利为例

意大利和英国分别是成文宪法国家和不成文宪法国家中采用转化方式接受条约的典型，本节主要以这两国为例说明采转化接受方式的条约的间接适用类型。②

（一）英国

英国是君主立宪制国家，是在罗马法和现代大陆法的影响下建立起的以普通法为基础的法律体系。英国没有成文宪法，也没有法律法规对条约在国内的适用作出规定。尽管英国权力下放至威尔士、北爱尔兰和苏格兰几个地区，但英国不是一个联邦制的国家。位于伦敦的中央政府可以在全国范围内采取措施执行条约义务，也可以禁止这些地区采取与条约义务不符的行为。条约由英国王室代表政府签订，由议会批准执行，条约在英国不能自动地成为英国法的一部分，要在英国法院适用需要议会通过法律，也就是在英国没有区分自动执行和非自动执行条约，所有的条约都是间接适用的。③

---

① Louis Henkins, Foreign Affairs and the United States Constitution, Oxford: Oxford University Press, 1972: 201~202.

② 李浩培：《条约法概论》，法律出版社2003年版，第314~316页。

③ 在这个一般原则下有一个显著的例外，即欧盟法在英国的适用，欧盟法律以其成员国将本国在国内法中特别是在宪法中确认的国家将其主权向欧盟部分转移（或称让渡）并且限制主权作为法律基础，欧盟法在其成员国内具有优先地位并适用直接适用原则，英国在加入欧盟时承诺本国法的任何条款都不能使国家为履行其作为欧洲共同体成员国义务而接受的任何规范、法令和措施无效，也不能阻止欧洲共同体或其机构制定的法规、法令和措施在国内发生效力。

条约在英国的接受方式是典型的转化式，条约在英国的适用方式是间接适用。“我们不考虑条约，除非其包含于立法中。”这句话形象地反映了英国对条约采取间接适用的态度。[①] 个人是不能够主张条约未被履行或者条约被违反，除非条约转化的国内法本身授予个人这项权利。

条约在英国法院的间接适用主要有三种形式：一是制定国内法，将缔结条约的全部或主要部分作为该法的一项附件；[②] 二是制定国内法，将条约内容全部予以转化，条约不再以附件的形式存在；三是现存国内法的有关条款能够涵盖条约所有内容，就直接适用与条约内容相对应的国内法。[③]

条约转化成英国国内法后，对法律的解释权就落到了法院，基于法院对法律的解释为正确的假设之上，没有出现过法院不按照解释审判的案例，法院对国内法的解释往往遵从国际上对条约规定的共识，如果共识存在的话。基于此，英国法院会考虑其他国家在同样问题上是如何解释条约的。[④]

在英国，未经转化的条约不具有任何英国法的正式地位。如果它与制定法或普通法相冲突，毋庸置疑的是制定法或普通法优先。已获转化的条约则构成了英国法的一部分。但在英国法律体系中，已获转化的条约并没有任何特殊的地位。它们同其他制定法同是英国法的一部分，没有相对于这些制定法的优先性。

已获转化的条约与在转化前后制定的国内法的关系类同于任何两

---

① 唐书瑾：《国际条约在中国法律体系中的地位》，2001 年中国优秀硕士学位论文。

② 英国议会 1964 年制定的《外交特权法》采用了这种形式，将 1961 年《维也纳外交关系公约》作为一项附件附在《外交特权法》之后。

③ Tim Hillier, Sourcebook on Public International Law, Cavendish Publishing Limited, 1998: 43~45.

④ 例如 1961 年《英国航空运输法案》相关条款的解释就参考了 1929 年《华沙公约》的规定。

项国内立法之间的关系。而在这样的关系中，后法优先原则是处理冲突问题时的一般原则。当前后制定的两项法律规范同一事项时，制定时间在后的法律将优先适用。一般来说，当议会意图废止以前的一项立法时，它会在制定新法时作明确地表示。如果议会没有明确表示废止旧法的意图，则须由法院通过议会使用的用语来决定它是否意图废止旧法。

英国议会具有最高的立法地位，它能够通过与国际条约义务相违背的立法。例如，1980 年，尽管内政部提供的证据表明《移民法草案》会违反英国在欧洲人权公约下承担的义务，但移民法还是被议会通过。在其通过之后，欧洲委员会和欧洲人权法院认为，英国移民法的实施，违反了《欧洲人权公约》第 8 条和第 14 条的规定。鉴于此，议会在 1985 年制定了新的移民法，以使其符合英国的条约义务。但值得注意的是，被新法取代的旧移民法并不因为欧洲人权公约的优先性而自动失效。议会的最高性还使得已获转化的条约在英国法上的效力仍极不稳定。因为议会完全有权废止把条约转化为英国法的立法，或者在转化接受条约后，通过与其相冲突的立法，而这样的立法根据后法优先原则具有优先地位。①

（二）意大利

在意大利，转化接受条约的具体方式有两种：一是议会通过一项法令来把各项条约规定转化为国内立法，该法令详细地规定基于条约而产生的各项法律义务、权力及权利；二是议会通过仅仅规定条约在国内法律制度中是可以执行的法令（execution order），而不改变条约文本，并

① See Jacobs G. and Shelley Roberts, ed., The Effect of Treaties in Domestic Law, Sweet & Maxwell, 1987: 129～130.

将其全文附于执行法令之后。执行法令常常包含在议会通过的授权意大利总统批准条约的一般性法律之中。在第一种转化形式下，国际条约具有同议会或政府通过的一般性法律、法规或行政法令同样的法律地位。而在第二种转化形式下，条约与国内的一般性法律具有同样的法律地位。

尽管依据 1947 年《意大利宪法》的规定，条约具有同意大利国内法同样的法律地位，但意大利学者和法院的司法实践倾向承认条约要优先于意大利国内法。法院通常使用一致性解释（consistent interpretation）原则把国内法解释为符合国际条约法。这一原则意味着当法院适用国内法时，它必定会尽可能地根据相关国际条约的用语和目的来解释国内法，以实现条约的目的，并避免条约与国内法之间的冲突。法院使用的另一项原则是特别法优先原则。根据这一原则，国内法的一般规则会被解释为与规定同样事项的条约相一致。如果国内法规则不能以与国际条约相一致的方式予以适用，则一般国内法规定会被弃置一边，就相关事项适用条约规定。

意大利学者和法院司法实践主张条约优先性的意见在 2001 年的宪法修正案中得到了反映。在 2001 年 10 月 18 日宪法修正案生效之前，一致性解释和特别法优先原则被用来使意大利在缺乏规定国际条约法的优先性的宪法条款的情况下遵守国际义务。而在 2001 年的宪法修正案中，明确规定了国际条约的优先性。其第 117 条第（1）项规定，“在行使立法权时，国家和各地区应尊重宪法和起之于国际法的义务”。①根据这一规定，国际条约法获得了介于宪法和一般性法律之间的法律位阶。因此，国际条约法必须符合宪法，但在其不违背宪法的前提下，它

① Constitution of the Italian Republic，载 http：//heinonline. org/HOL/cowdocs? state=&tfile=it_1947_2012_parl_eng_2. pdf，最后访问时间：2015 年 5 月 14 日。

应优先于国内一般性法律。据此，意大利国内法院不再能够运用传统的规范条约与国内法法律地位相同时的冲突问题的原则——后法优先和特别法优先——来解决条约与国内法之间的冲突，尽管法院在适用这两项原则时同样实现了条约优先的结果。在第117条第（1）项的规定之下，条约优先变成了合乎宪法的必然结果，而不是法院自主判断的产物。就此而言，它实际上也就剥夺了一般法院对条约与国内法冲突问题进行判断的自主权利。在新宪法中，能够对条约与国内法的冲突问题进行裁断的只有宪法法院。

在2007年10月24日的判决中，宪法法院根据第117条第（1）项的规定，处理了欧洲人权公约与意大利国内法之间的关系问题。意大利的宪法法院对此问题的看法是："《欧洲人权公约》的规定不具宪法性质，因为没有任何人能够给予该公约不同于授权批准和在意大利法律体系中执行它的一般性法律的地位"。换言之，第117条第（1）项并没有赋予国际条约宪法性地位。因此，正如法院所说，欧洲人权公约的规定和其他国际条约的规定一样，都在意大利法律体系中处于介于宪法和一般性法律之间的位阶。第117条第（1）项只是确认国际条约法在意大利法律体系中具有"次宪法性"地位。①

整体采转化方式接受条约，适用方式为间接适用的国家还有爱尔兰、安提瓜和巴布达、巴布亚新几内亚、津巴布韦、马尔代夫、马绍尔群岛、瑙鲁等国家。

① See Giuseppe Cataldi, International Law and Domestic Legal Systems: Incorporation, Transformation, and Persuasion, Oxford: Oxford University Press, 2011: 347～349.

第四节 条约间接适用的技术性问题

一、条约转化立法与条约间接适用立法的立法方式

立法包括接受立法和适用立法，接受立法是指接受方式采转化式的国家，将条约转化为国内法以完成条约从国际法领域进入国内法领域的过程，适用立法是指接受方式采纳入式的国家，为执行条约而对非自动执行的条约进行的立法，即纯粹的适用立法，虽然都是立法行为但一个是因为接受方式为转化式，另一个是因为适用方式是间接适用，虽然立法活动在条约实施的阶段不同，但二者有一个共同的效果即对条约的适用是间接适用，处于不同阶段的立法活动在技术方面并无明显区别。所以将这二者合并讨论间接适用的立法方式。

不同国家接受立法和适用立法的形式有所不同，同一国家对不同条约的立法形式有时也有不同。[①] 现有的立法形式主要有以下几种。

（一）制定新的法律

当条约规定的内容在缔约国国内是空白或者虽不是空白，但不系统、不完整、散见于缔约国的一些法律法规中，随着缔约国对该问题的

① 联合国国际贸易法委员会就执行《承认和执行外国仲裁裁决公约》的立法进行调查时提出了三个问题：一是执行条约的法律包含了条约条文还是仅仅提及条约？二是若包含了条约条文，执行条约的法律包含了条约条文还是转述条文？三是所实施的条约条文是单独存在的还是被纳入了一个更大范围的法律条文之中？半数以上的国家认为，有关的条约条文单独存在，有一些国家将条约条文纳入到了一个更大范围的法律条文中，在这种情况下，大多数国家表示将条约条文纳入更大范围的法律条文之中，比如，在民事诉讼法、国际私法、仲裁法等领域里，不会影响条约的执行和条约目的的实现。

重视和进步，将条约规定进行了梳理和归并，制定一部专门的规制某一领域或某一事项的法律，达到执行条约的目的。

制定新的法律又存在以下立法方式：

1. 在国内法中转述条约条文或将条约条文内容转变为适应本国语言和文化习惯的表达，并在国内法的名称或者序言中明确规定是为了使某项条约生效。如，英国 1911 年的《海商事公约法》是根据 1910 年的《布鲁塞尔公约》制定，通过转化立法使《布鲁塞尔公约》在英国生效。也有的在制定的国内法中不提及条约。制定的国内法是为了执行某一项条约，但是条约的条文中没有关于国内法是为了执行某项条约而制定的内容。比如，《英国证据法》是根据 1970 年《海牙关于从国外调取民事或商事证据公约》制定，但在《英国证据法》中没有文字提及此公约，尽管如此，法官在解释《英国证据法》时，仍可查看和使用条约。在转化为国内法过程中也存在只转化条约的部分条款，并注明是根据条约制定。英国根据《国际货币基金组织协定》的部分条款制定了《布雷顿森林协定法》，《布雷顿森林协定法》只是对《国际货币基金组织协定》部分内容进行了转化。英国转化 1958 年《纽约公约》而制定了 1975 年《英国仲裁法》。《英国仲裁法》在标题中提到《纽约公约》，但关于公约第 3 条有关裁决承认的部分没有作出规定。

2. 根据条约制定的国内法较为简单，赋予条约国内法效力，然后将条约内容的译文作为国内法的附件。英国 1925 年的《商船运输法》将《国际劳动公约》全文附在了后面，并作出规定当运输法与附在后面的条约不一致时，运输法的效力优先。

3. 根据条约制定的国内法较为简单，赋予条约国内法效力，然后将条约条文正文文本作为国内法的附件。[①] 比如 1961 年《英国货物空运法》和 1971 年《英国货物海运法》就是采取的这样的立法方式。

后两种立法方式虽然也经过了立法，但将条约的内容一字不改地（译文只是转换了语言形式，内容未加修改，也可视为此种情形）附到国内法中，事实上实现了对条约的直接适用，其适用效果也与直接适用无异。

“制定简短的国内法赋予条约国内效力”是专门的准予适用条款，并不涉及对条约内容的修正，Virginia A. Leary 将其称为准自动接受，将制定简短的国内法赋予条约国内效力的情况归类为纳入的接受方式。[②] 虽然这两种立法与直接适用条约的效果相同，与直接适用的特征类似，存在模糊的边界，但其形式上仍是间接适用的特征，为了更加清晰地对直接适用和间接适用进行分类，将这种立法仍归类为间接适用的类型。

实际上，在实际操作中各国对条约的适用都不会是一成不变的模式，而是要根据条约自身的情况，结合缔约国实际国情，采取最为合适的适用方式和立法方式。当条约规定具体、明确时当简则简，或直接适用或者将条约直接附到制定的法条后面。当条约规定地模糊、框架化时，当繁则繁，单独制定相应的国内法。“这两种操作虽然在表面上是两种不同的法律和程序，但最终的结果却是惊人的相似，他们在实质上的相类似被语言和习惯的差异掩盖了”。[③]

---

① Jacob W. F. Sundberg, A Uniform Interpretation of Uniform Law, 10 Scandinavian Stud, 1996 (225).

② Virginia A. Leary, International Labour conventions and National Law: The Effectiveness of the Automatic Incorporation of Treaties in National Legal System, Martinus Nijhoff Publishers, 1992: 37.

③ ［英］安托尼·奥斯特:《现代条约法与实践》, 江国青译, 中国人民大学出版社 2005 年版, 第 143 页。

（二）修改现有的国内法

当国内法对于条约规定事项已经有相关规定时，采转化式接受条约和间接适用条约的国家往往会选择以修改国内法的方式来解决条约与国内法之间不一致的部分。这样做一是可以保持国内法律体系的完整，避免重复立法，减轻重新立法的负累。二是国内法与条约规定不一致，将可能导致国家承担国家责任，并影响条约义务的实现，修改现有的法律也成了履行条约的必然要求。

二、符合条约要求的国内履约立法标准

从国际法角度来看，最理想的履约国内立法应该符合完全性、及时性和一致性的要求，即内容上能全面反映条约的各项立法要求，时间上不拖延，各缔约国之间的立法内容基本一致，以保证在各缔约国之间无差别地执行条约。实践中各缔约国因其国家利益和政治立场的不同，履约实践呈现多样性的特点，有全面履行、部分履行和不违反条约规定三种程度的履约。那么，构成完全履约立法的标准是什么？在不同的国家之间，完全的履约立法标准是否一致？

条约要求的国内履约立法，既可以是修改现行宪法，也可以是进行新的立法或者对现行法律法规进行废除或修改活动。由于许多重要的条约规定内容已经成为国际习惯规则，条约要求缔约国的国内立法是多方面和全方位的，而不仅仅是在法律法规中有所规定。从这种严格要求的角度出发，缔约国对本国履约的自我评价往往与国际机构的评估结论不相符合。从国际实践来看，相当一部分缔约国都不能全面贯彻条约的立法要求。据禁止化学武器组织 2000 年年度报告称，自 1997 年 4 月 29 日《禁止化学武器》生效到 2000 年年末，只有 53 个缔约国（约占缔

约国总数的 38%）按照条约第 7 条第 5 款的要求完成了国内执行立法。[①]

国内立法不能及时达到条约履约要求的原因主要是：条约对有的规定没有进行适当定义；条约没有对履约方式规定程序性的指导；条约没有对履约立法规定最后期限。因此，虽然国家履约立法的一致性对无差别执行来说很重要，但由于条约缺乏明确和具体的指导，真正做到各国对条约履行无差别或相一致，即使不是根本不可能的，也是相当困难的。缺乏明确和具体的指导，不仅为国家之间的立法措施创造了不一致的条件，而且为某些缔约国不遵守条约义务和逃避违约责任提供了现实可能性。[②] 虽然如此，这不应该成为缔约国不进行国内立法的借口或抗辩理由。

对许多条约来说，国内的履约立法是条约能在国内得以执行的前提或基础，许多条约非常明智地特地把立法的任务留给缔约国，虽然各缔约国在履约立法上不可能做到完全一致，大多数条约也没有就国内立法给出具体的要求，[③] 但从技术层面上来说，一个比较好的国内履约立法，是它能解决所有条约规定最基本的问题，能给本国的相关政策提供立法支持，并且在需要时为落实政策而采取预先措施。[④]

---

① Report of the OPCW on the Implementation of the Convention on the Prohibition of the Development, Production, Stockpiling, and Use of Chemical Weapons and on their Destruction in the year 2000, C-VI/5（17 May 2001）at. 5. 2.

② Rodrigo Yepes-Enriquez and Lisa Tabassi（eds.）, Treaty Enforcement and International Cooperation in Criminal Matters, T. M. C. Asser Press, 2002：372.

③ 也有的国际条约对缔约国的国内立法提出了要求，如《罗马规约》第 88 条就要求各缔约国应确保其国内法中已有可供采用的程序，以执行本编规定的各种形式的合作。该条就是要求各缔约国把本编有关国际刑事合作的形式都规定在本国的国内法中。这个要求就是具体的。

④ Rodrigo Yepes-Enriquez and Lisa Tabassi（eds.）, Treaty Enforcement and International Cooperation in Criminal Matters, T. M. C. Asser Press, 2002：375.

第四章　条约适用方式的补充
——条约的参照适用

第一节　条约参照适用的概念

所谓条约的参照适用，即一国国内的有关机关，主要是指司法机关，在司法活动过程中，根据案件的具体情况，参照该国并未缔结或加入的条约，就条约约定的某项原则、概念或具体内容，对国内法有关规定进行补充、解释或确认，从而加强和完善案件审判法律依据的行为。所谓参照，则是指法院对于该国未缔结或加入的条约没有必须适用的义务，相反，如果拟参照适用的条约并不满足参照适用的条件，法院有权决定拒绝适用。所以参照实际上是赋予了法院适用选择权。

条约的适用方式，主要是直接适用和间接适用两种。但不管是上述哪种适用方式，其前提之一就是条约适用国需为拟适用条约的缔约国或已加入该条约。如果适用国非拟适用条约的缔约国，或虽已加入该条约，但该条约尚未在其国内生效，其就无法通过直接或间接方式来予以适用。法院在审判过程中援引该条约对案件作出判决，这种对条约的适用方式，不能涵盖在直接适用和间接适用这两种方式中。

条约参照适用是对未缔结或未加入的条约的适用，从这一点上来说，参照适用与直接适用、间接适用有明显的不同，但参照适用也是条约在国内的执行，法院对条约的参照适用除去这点之外与直接适用条约并无明显的不同，因而本书将条约的参照适用作为直接适用和间接适用的一种补充性的适用方式来论述。

对司法机关而言，其在处理某一具体案件时，如果案件当事人援引该国未缔结的条约的有关内容进行主张和抗辩，或者该国未缔结的条约的有关内容对某事项的规定比国内法的有关规定更为明确、具体，又或者需要借助该国未缔结的条约的有关内容来对国内法的有关规定进行明确和确认，再或者适用国所签署或加入的条约对此类问题的处理并没有直接规定，而适用国未加入的某条约对此问题有着明确、具体的规定。在上述列举的情况下，参照适用就应运而生，体现出了其价值所在。

条约的参照适用，既不同于直接适用，也不同于间接适用，而是一种新的方式。参照适用虽然是一种新的条约适用方式，有着自身独特的优势，但参照适用只能是直接适用和间接适用的补充而非取代。这也是由参照适用自身的特点所决定的。

“无条约，无义务”，就国际法上而言，一国只有缔结或加入某项条约，才会承担履行该条约的义务，也才会产生在国内采取何种方式适用该条约的问题。也就是说，一国适用条约的问题，主要产生于该国如何履行所加入条约的义务。一国如果没有缔结或加入某项条约，是没有国际法上的义务在国内对该条约进行适用的，除非该条约所规定的某项内容已是国际法基本原则或国际强行法。如此说来，一国适用条约的义务，主要来自该国所缔结或参加的条约。对于一国所缔结或参加的条约，其适用方式就是直接适用或间接适用，而无其他。所以说，直接适用和间接适用是条约适用的主要方式。

随着国际社会的发展和条约数量的不断增多，一国越来越多的遇到一些情况，该国国内机关，尤其是司法机关，需要借助于该国并没有缔结或参加的条约所规定的有关内容，来解决出现的新问题以更好地履行职责。有的国家为顺应这一潮流，在其宪法中规定了参照适用条约的内容。南非宪法即规定法院在对人权法案进行解释时必须考虑国际法，可以考虑外国法。对于所考虑的国际法，是只限于南非缔结或参加的国际条约还是包括南非未缔结或参加的国际条约？南非宪法法院在S. v. Makwanyane一案的判决中认为，不管对南非有无约束力，国际法均可以参照适用，这就在司法判例中确认了南非法院可以参照国际法来处理国内人权法案的解释。[①]

第二节　条约参照适用的特征

在国际社会中，在宪法中直接规定条约参照适用方式的国家只是少数，更多国家是通过国内司法机关的实践，对参照适用条约的方式进行承认和采纳的，如中国、加拿大等国家。在中国天津海事法院判决的利比里亚易迅航运公司与巴拿马金光海外私人经营有限公司船舶碰撞损害赔偿纠纷案、加拿大最高法院1999年判决的贝克案中，均采用了参照适用条约的方式解决司法中出现的问题。参照适用的特点，主要表现在以下几个方面：

一、参照适用应为适用国法院或案件当事人为解决有关事项而主动寻求相关国际法律依据，系主动为之而非被动接受

条约的主要适用方式，直接适用和间接适用，对缔约国而言，都承担了按照条约约定全面履行条约的义务。加入条约，对缔约国而言是主动为之，但作为条约当事国履行条约，按照条约必须遵守原则，是无法选择的必须为之。如果缔约国加入条约而不履行条约义务，就有可能承担国际法律责任。但对于参照适用而言，适用国非拟适用条约的缔约国，

① 夏政双：《国际人权条约在国内的适用问题研究》，华东政法大学2012年硕士学位论文。

本身就没有必须履行条约的法律义务，所以参照适用更多的是适用国为处理某一相关事项而主动为之的行为。

在某些领域如海商海事的司法实践中，《海牙规则》《汉堡规则》经常会被当事人在提单中载明适用。但迄今为止，我国尚未加入上述两条约。如何处理此种情况是司法实践中一个很有争议的问题。我国最高人民法院关于涉外民事关系适用法律的司法解释规定，当事人可以援引还没有在中国生效的条约，法院也可以根据条约确定当事人的权利义务关系。① 从此司法解释中可以解读出，当事人如果主动提出采用尚未生效的国际条约作为处理案件的法律依据，法院是可以予以参照适用的，这也体现了参照适用的主动性。这种主动性既来自当事人的主动选择，也来自法院对当事人所选择的条约的参照适用。

在另一种情形下，如果案件当事人没有选择或援引尚未对该国生效的国际条约，但司法机关根据案件审理的实际需要，是否可以依职权主动启动条约的参照适用？从上述司法解释并不能得出如此推论，但我国有关司法实践却依职权启动了条约的参照适用。在利比里亚易迅航运公司与巴拿马金光海外私人经营有限公司船舶碰撞损害赔偿纠纷案中，根据案件具体情况，法院依职权主动参照适用了 1952 年的《船舶碰撞中民事管辖权方面若干规定的国际公约》的有关规定，加强了对国内相关法律的解释和确认，从而为该案管辖权的取得打下坚实法律基础。

可见，参照适用条约，要么依当事人援引而启动，要么法院依职权根据案件审理需要而启动，均是一种主动选择的权利行为而非义务。相比之下，不管是直接适用还是间接适用，在某种程度上，都是适用国为

① 《最高人民法院关于适用〈中华人民共和国涉外民事关系法律适用法〉若干问题的解释（一）》第 9 条规定：当事人在合同中援引尚未对中华人民共和国生效的国际条约的，人民法院可以根据该国际条约的内容确定当事人之间的权利义务，但违反中华人民共和国社会公共利益或中华人民共和国法律、行政法规强制性规定的除外。

履行条约义务而必须为之的行为，虽然也是一种权利，但更多的是一种义务。

二、参照适用的是条约的某项具体条款或内容，而非条约的全部内容，具有具体化和偶然性的特征

参照适用的条约，一般而言，应是条约规定的某项原则或内容，正好为适用国处理有关事项提供了直接的法律（国际法）依据，而该项原则或内容被拟适用条约所规定或明确。条约内容较多，但参照适用的往往只是条约所规定的某个具体内容或程序，并不是条约的全部。不管是直接适用还是间接适用，除有关国家保留之外，应对条约所有内容予以适用，全面享受条约权利，履行条约义务，而不能有所选择。参照适用的情况下，因为适用国非参照适用条约的缔约国或参加国，所以不必按照条约要求全面履行条约义务，只需按照自身需求选择适用条约内容即可。

如在利比里亚易迅航运公司与巴拿马金光海外私人经营有限公司船舶碰撞损害赔偿纠纷案中，天津海事法院只是参照适用了1952年《船舶碰撞中民事管辖权方面若干规定的国际公约》中有关诉讼前扣船取得管辖权原则这一具体内容，而非该条约的全部内容。在利比里亚易迅航运公司向天津海事法院起诉后，参照适用该公约关于讼前扣船取得管辖权原则，海事法院的管辖就具有了充分的法律依据。在“中海集装箱运输股份有限公司等与广西东方发祥进出口有限公司海上货物运输合同拖欠运费纠纷案”中，法院参照适用《汉堡规则》，只是为了更好地解释《海商法》中托运人的定义问题，参照适用的就是托运人的概念，而非条约其他内容。

可见，相对比直接适用和间接适用而言，参照适用具有具体化和偶

然性的特点。具体化是指参照适用的往往只是条约内容的一部分，这一部分可以是一个概念，一个原则或一项具体内容。不同国家即使参照适用的是同一个条约，那么其参照适用的条约具体内容也往往是不同的，这取决于所涉事项到底与条约哪些内容相关。偶然性是指参照适用的条约，取决于法院审理案件的类型以及该案件所涉及的需要参照适用的具体内容。参照适用往往是无法预知的，只有在法院审理案件过程中才会发生。直接适用和间接适用是可以预知的，因为一国只要缔结或加入了某项条约，就必然会承担在国内适用该条约的义务，不履行缔结或加入的条约会产生国际法律责任。

三、参照适用的对象是条约，而并非国际习惯法

参照适用的对象是条约，并且是并未加入的条约，参照适用的条约的内容具有一定程度的普遍接受性，甚至某些参照的条约的具体内容所确定的是世界各国普遍采用的习惯做法，那么这种习惯做法是否构成国际习惯法呢？条约的规则要成为国际习惯法，需要条约当事国和非条约当事国按照条约规则的要求形成法律确信和国家实践。每一项国际习惯法规则都需要各国有重复的类似行为，并对该行为拥有法律的信念。而参照适用条约具有偶然性，是在国内法和所加入的条约都没有规定的情况下，对条约的一种参照行为，不具有重复适用的特征，因而参照适用的条约内容不具有形成国际习惯法的条件。参照适用的对象并非国际习惯法而是条约。虽然国际习惯法在国内也具有适用的需要，但本书着力研究条约在国内的适用方式，国际习惯法在国内适用的方式及相关问题并不是本书探讨的范围。

第三节　条约参照适用的条件

一、适用国不是拟参照适用条约的缔约国、加入国，或者拟适用条约尚未在适用国国内生效

如果适用国是拟适用条约的缔约国或已加入该条约，采用直接适用或间接适用的方式就可以完成，而不必寻求其他的适用方式。当适用条约的国家不是其要适用的条约的缔约国时，无法采取直接适用或间接适用的方式，所以需要以参照适用的方式来完成对条约某一条款所规定内容的适用。如上文所述，通过最高人民法院关于涉外民事关系的适用的司法解释的规定可以看出，在我国，参照适用是有明确法律依据的，这也赋予了国内法院根据案件情况参照适用有关条约的法律依据。事实上，在该司法解释生效之前，我国就已有参照适用的司法实践。

在 1989 年的利比里亚易迅航运公司与巴拿马金光海外私人经营有限公司船舶碰撞损害赔偿纠纷案中，天津海事法院参照适用了 1952 年《船舶碰撞中民事管辖权方面某些规定的国际公约》的有关规定，取得该案的管辖权。而实际上，中国并非该公约的缔约国，所以通过参照适用的方式对该条约的某项条款予以适用。在国外，也有其他国家参照适用条约的司法实践。加拿大最高法院 1999 年的贝克案中，当事人为牙买加公民贝克女士，其就由加拿大移民局作出的将其驱逐出境的决定，向加拿大联邦法院提出了司法审查的要求，提出该要求的依据是以《儿童权利公约》的相关规定，联邦法院审判庭对贝克女士的申请予以驳回。案件上诉到加拿大最高法院后，最高法院认为，虽然《儿童权利公

约》因其尚未被加拿大法律所吸收，在加拿大不能直接适用，但可以用来解释加拿大有关法律。从该案中也可以看出，《儿童权利公约》当时尚未在加拿大国内生效，但加拿大最高法院依然参照适用该公约来解释其国内相关法律的规定。

可见，参照适用条约，其前提条件之一就是适用国非拟适用条约的缔约国、参加国，或该条约尚未在适用国国内生效。只有此种情况下，才会产生参照适用条约的问题。如果适用国是拟适用条约的缔约国或参加国，只要根据具体情况，采取直接适用或间接适用方式予以适用即可。

二、适用国缔结、加入的条约对相关事项没有规定且适用国国内法对相关事项的具体规定不明确、不具体

参照适用是直接适用和间接适用的补充方式。只有在适用国缔结、参加的条约对相关事项没有规定且适用国国内法对相关事项规定不明确、不具体的情况下，参照适用才会起到作用。如果适用国缔结、参加的条约对相关事项有所规定，那么适用国应首先适用该条约——不论是采用直接适用还是间接适用的方式——这也是适用国履行条约义务的要求。也就是说，只有在直接适用和间接适用无法采用的情况下，参照适用才会起到补充作用。

在利比里亚易迅航运公司与巴拿马金光海外私人经营有限公司船舶碰撞损害赔偿纠纷案中，双方当事人均为外国企业，且“易迅”轮与“延安”轮碰撞地点在公海海面上。利比里亚易迅航运公司向天津海事法院申请诉前扣船并提起诉讼。在此情形下，我国参加或缔结的条约并没有明确规定，我国法院是否有管辖权。这就为条约的参照适用，提供了前提条件。此外，本案特殊之处在于，最高人民法院于 1986 年 1 月

31日颁布了《最高人民法院关于诉讼前扣押船舶的具体规定》①。该规定第6条第1款规定："扣押船舶的海事法院对于根据该海事请求提起的诉讼具有管辖权。"从该规定来看，天津海事法院只要扣押了船舶，对该案就具有了管辖权，似乎本案的管辖是有国内法依据的。本案中，当事双方利比里亚易迅航运公司与巴拿马金光海外私人经营有限公司都是外国企业，并且碰撞地点也不在我国领域，我国法院是否能够完全依据国内法律法规来取得本案的管辖权是有疑问的。如果案件没有涉外因素，法院依据国内法审理案件是没有问题的；如果案件具有涉外因素，且我国已缔结或加入相关条约，在某些领域，如国内法规定与条约不一致，条约应当优先适用。对于本案而言，全是涉外因素，所以法院应该参照适用有关国际条约，对相关国内法进行解释和确认，来加强我国取得管辖权的法律依据。

三、参照适用的条约具体内容应具有明确性、普遍接受性

所谓明确性，是指参照适用条约的具体条款所规定的内容是具体的、明确的，并可直接适用。在利比里亚易迅航运公司与巴拿马金光海外私人经营有限公司船舶碰撞损害赔偿纠纷案中，天津海事法院能否通过诉前扣船取得管辖权就是要解决的有关事项。而该案所参照适用的条约1952年《船舶碰撞中民事管辖权方面若干规定的国际公约》，对通过诉前扣船取得管辖权进行了直接规定，其对诉前扣船取得管辖权的规定是明确的，具体的。②

① 该司法解释已于1994年7月6日失效。

② 根据1952年《船舶碰撞中民事管辖权方面若干规定的国际公约》第1条第（1）项规定，关于海船与海船或海船与内河船舶发生的碰撞，只能向下列法院提起诉讼：……2.扣留过失船舶或得依法扣留的属于被告的任何其他船舶的法院，或本可进行扣留并已提出保证金或其他保全的地点的法院……

其次，参照适用的条约具体内容，应具有普遍接受性。所谓普遍接受性，是指该条约具体内容所确定的应为世界各国普遍采用的习惯做法，被国际社会所普遍接受。同样是在利比里亚易迅航运公司与巴拿马金光海外私人经营有限公司船舶碰撞损害赔偿纠纷案中，天津海事法院参照适用的实际上是通过扣船取得管辖权原则。通过扣船取得管辖权，已为世界各国所普遍接受，是各国普遍采用的习惯做法。我国虽然没有参加该公约，但该公约所规定的通过扣船取得管辖权原则具有普遍接受性，这也为参照适用提供了基础。如果参照适用条约的具体内容并没有为国际社会所普遍接受，或者在国际上仍存在较大争议，那么其可能就不具有参照适用的基础。

四、参照适用的条约不得违反我国社会公共利益或法律、行政法规的强制性规定

通过《最高人民法院关于适用〈中华人民共和国涉外民事关系法律适用法〉若干问题的解释（一）》可以看出，参照适用已得到法院系统的承认和认可，只是没有明确出现“参照适用”的字眼，这实际上就是参照适用的具体内容。但该司法解释同时又对这一适用方式做出了限制，规定了违反中华人民共和国社会公共利益或中华人民共和国法律、行政法规强制性规定的除外。也就是说，参照适用除了上文所述要求具体内容应具有明确性、普遍接受性，还应该不能违反我国社会公共利益或法律、行政法规的强制性规定。如果有所违反，那就不能参照适用该条约，即使当事人主动援引也不可。

此外，该司法解释也表明，参照适用的条约，相对于某些领域的条约而言，其在我国国内的法律位阶较低。在涉外法律关系的适用的冲突解决问题上，我国多部法律作出了规定，如《海商法》第268条、《票

据法》第95条以及《民用航空法》第184条等。这些法律对我国缔结或参加的国际条约与国内法规定不一致的情况作出了规定，即我国缔结或参加的国际条约与国内法有不同规定的，应适用国际条约的规定。可以看出，这些领域的国际条约，其法律位阶是高于国内法律的。而参照适用的条约，如果违反法律、行政法规的强制性规定是不能予以参照的，这表明其在我国国内的法律位阶是低于国内法律甚至行政法规的。因为但凡参照适用的条约，都是我国没有缔结或参加的，对我国也就没有法律拘束力。司法解释之所以如此规定，是因为对于已经缔结或加入的条约，我国会通过条约的保留，来排除对我国不利的条款，而尚未对我国生效的条约，我国是无法通过保留程序达到排除某些不利条款影响的效果。所以规定参照适用的条约其在我国国内的法律位阶是低于国内法律甚至行政法规的。[①] 也就是说，参照适用的条约，因为我国没有缔结或加入，也就不能通过保留排除对我国不利的有关的条款，因此通过降低其在国内的法律位阶，在与国内法律、行政法规相抵触的情况下不能予以参照，以此方法来降低和排除参照适用的条约可能对我国产生不利影响的可能性。

第四节　条约参照适用的作用

参照适用条约，可以加强对国内法律的解释，起到确认性作用，避免国际法与国内法冲突。参照适用条约，尤其是法院依职权主动参照适用，主要原因在于案件所涉有关事项，或者是具体内容，或者是程序规

① 高晓力：《〈关于适用涉外民事关系法律适用法若干问题的解释（一）〉的理解与适用》，载《人民司法》2013年第3期。

定，或者是概念、定义，适用国所缔结或参加的条约以及国内法没有规定，或者国内法虽有规定，但不够明确，具体，或者有歧义，需要参照适用相关国际条约予以确定。这时法院参照适用条约，实际上是对国内法律的解释以及确认，既可以正确适用法律，又可以保持国内法与相关国际法的一致性。

在我国司法实践中，已有相关案例能够体现参照适用的这一作用和价值。在“中海集装箱运输股份有限公司等与广西东方发祥进出口有限公司海上货物运输合同拖欠运费纠纷案”中，一审法院北海海事法院认为，我国《海商法》对托运人的定义为：“本人或者委托他人以本人名义或者委托他人为本人与承运人订立海上货物运输合同的人；本人或者委托他人以本人名义或者委托他人为本人将货物交给与海上货物运输合同有关的承运人的人。”《汉堡规则》规定的托运人是指“与承运人订立海上货物运输合同的人（下称缔约人）或是将货物实际交付承运人的人（下称交货人）”。[①]根据文意理解，《汉堡规则》中以“或”字分离缔约人、交货人，因此《汉堡规则》所指的托运人只能是缔约人、交货人中的一种人。而我国《海商法》则是以分号将缔约人、交货人并列，故缔约人、交货人均可以成为《海商法》中所指的托运人。二审法院广西壮族自治区高级人民法院认为，我国并非《汉堡规则》的缔约国，因此，该《规则》不具有法律适用意义上的参照作用。但我国《海商法》立法参照了《汉堡规则》等国际公约、国际惯例，因此，《汉堡规则》关于托运人的定义对本案具有文义解释上的参考作用。在本案中，我国并非《汉堡规则》的缔约国，故没有直接适用或间接适用该公约的路径。虽然二审法院认为《汉堡规则》不具有法律适用意

---

① United Nations Convention on the Carriage of Goods by Sea，1978，载 https：//treaties. un. org/doc/Publication/UNTS/Volume%201695/v1695. pdf，最后访问时间：2016 年 1 月 3 日。

义上的参照作用，但对于该案所涉及的托运人的定义具有文义解释上的参考作用。实际上，在本案中关于托运人的定义，法院就是参照了《汉堡规则》的有关规定，通过比较研究的方法，对国内法有关托运人的规定进行了解释和明确，确定了该案托运人到底为谁的问题，从而对我国《海商法》中关于托运人的定义进行了解释和确认。

在利比里亚易迅航运公司与巴拿马金光海外私人经营有限公司船舶碰撞损害赔偿纠纷案中，利比里亚易迅航运公司并没有向碰撞船舶“延安”轮最先到达地以及住所地的日本法院提起诉讼，而是在被告所属的碰撞船舶“延安”轮驶抵我国秦皇岛港后，向我国天津海事法院申请诉前扣船。天津海事法院在采取诉前扣船措施后，是否取得本案管辖权，就成为关键问题。我国国内虽有相关法律规定，加害船舶被扣留地人民法院有权管辖，[①] 但对于本案而言，涉事双方均为外国企业，利比里亚易迅航运公司所在地为利比里亚共和国蒙罗维亚 80 号，巴拿马金光海外私人经营有限公司所在地为日本国大阪。这种情况下，是否能够完全依据国内法规定取得管辖权，是有疑问的。也就是说，对本案而言，完全依据国内法规定来取得案件管辖权并不充分。其次，我国参加或缔结的条约中，并没有关于诉前扣船取得管辖权原则的规定，而这一原则在 1952 年《关于船舶碰撞中民事管辖权若干规则的国际公约》中得到了具体规定。虽然我国并非该国际公约的当事国，但参照适用该公约，对我国国内法中关于加害船舶被扣留地人民法院有权管辖的规定起到了确认作用，也加强了天津海事法院取得该案管辖权的法律依据，同时也避免了国内法与国际法有关规定的冲突。

对于我国还没有批准、加入的国际条约，或者尚未对我国生效的条

---

① 参见《中华人民共和国民事诉讼法》第 30 条规定：因船舶碰撞或者其他海事损害事故请求损害赔偿提起的诉讼，由碰撞发生地、碰撞船舶最先到达地、加害船舶被扣留地或者被告住所地人民法院管辖。

约，国内法院可以参照有关条约的规定对国内法予以解释和确认。在国外，同样也有国内法院参照适用条约解释、确认国内法的司法实践。1999年加拿大贝克案中，加拿大最高法院认为，虽然《儿童权利公约》因其尚未被加拿大法律所吸收，在加拿大不能直接适用，但可以用来解释加拿大的有关法律。这个案件有一个重要的意义，即证明了国际人权条约即使其尚未在有关国家国内生效，也存在通过参照适用的方式在国内予以适用的可能性。[①] 这也就是所谓的参照适用方式，既拓宽了条约适用的路径，同时也影响了对国内法律的解释。

① 赵建文:《论国际法与宪法的效力关系》，载《时代法学》2004年第6期。

第五章　条约在中国的适用方式及存在的问题

条约在中国直接适用的法律依据散见于法律、行政法规、部门规章和司法解释之中，中国宪法并未对条约适用方式作出规定。条约在中国法院的适用，经历了一个由不直接适用到可直接适用再到直接适用案例逐年增长的发展过程。本书从北大法宝收录的7,049,810份裁判文书中，经过查找和筛选出直接适用条约的案例1337个。通过对这些案例的分析，归纳、总结中国法院直接适用条约的特征。条约在中国的间接适用，是通过制定国内法律法规及司法解释而最终实现的。间接适用的载体是这些法律法规和司法解释。很多法律法规中规定了其制定的依据为某项条约，这是条约在中国间接适用的证据或者说导引性条款。本章把这类规定进行了整理和归纳，并以民商事条约、刑事条约和人权条约这三类条约在中国的间接适用来说明条约在中国间接适用的实践。

第一节　条约在中国直接适用的国内法依据

法院直接适用条约必须有明确的国内法依据，这些国内法依据有的规定在法律中，有的规定在行政法规和地方性法规和部门规章之中，还有的规定在司法解释中。法院正是根据这些国内法的规定将审判的依据指引向条约，从而发生对条约的直接适用。

一、法律规定条约的直接适用

有观点认为：“条约优先在中国的审判中应该得到遵守，中国加入的条约，包括航空领域、商务领域、海运领域及仲裁领域等。为了履行条约的规定，中国大多在国内法中规定了，当条约与国内法不一致的，优先适用条约的规定。中国的法律规定在司法审判中可以直接适用民商事国际条约，法官审判案件时应注意：第一，优先适用条约的规定；第二，当条约规定不完整时，应同时引用条约和国内法。”①

中国国内法院关于条约的直接适用并不是为世界各国普遍承认的真正意义上的直接适用，而是属于逐案纳入。条约缔结后，经过甄别，再确定是否直接适用。我国直接适用条约的规定可以分为以下四类：

第一类，也是最主要、最典型的，其规定方式多为：“中华人民共和国缔结或者参加的……的条约、协定，同中华人民共和国法律有不同规定的，适用条约、协定的规定，但是，中华人民共和国声明保留的条款除外。”相关法律文件和条款规定见表 1。

表 1　规定条约直接适用的法律文件与相关条款

序号	法律文件的名称	相关条款规定
1	中华人民共和国外交特权与豁免条例（1986 年 9 月 5 日）	第 27 条　中国缔结或者参加的国际条约另有规定的，按照国际条约的规定办理，但中国声明保留的条款除外。
2	中华人民共和国海商法（1992 年 11 月 7 日）	第 268 条第 1 款　中华人民共和国缔结或者参加的国际条约同本法有不同规定的，适用国际条约的规定；但是，中华人民共和国声明保留的条款除外。

① 张进先：《涉外商事海事案件判决书的特点》，载中国法院网：http：//www.chinacourt.org/article/detail/2003/12/id/176936.shtml，最后访问时间：2015 年 4 月 18 日。

续表

序号	法律文件的名称	相关条款规定
3	中华人民共和国票据法（2004 年 8 月 28 日修正）	第 95 条第 1 款　中华人民共和国缔结或者参加的国际条约同本法有不同规定的，适用国际条约的规定。但是，中华人民共和国声明保留的条款除外。
4	中华人民共和国民法通则（2009 年 8 月 27 日修正）①	第 142 条第 2 款　中华人民共和国缔结或者参加的国际条约同中华人民共和国的民事法律有不同规定的，适用国际条约的规定，但中华人民共和国声明保留的条款除外。
5	中华人民共和国进出境动植物检疫法（2009 年 8 月 27 日修正）	第 47 条　中华人民共和国缔结或者参加的有关动植物检疫的国际条约与本法有不同规定的，适用该国际条约的规定。但是，中华人民共和国声明保留的条款除外。
6	中华人民共和国税收征收管理法（2015 年 4 月 24 日修正）	第 91 条　中华人民共和国同外国缔结的有关税收的条约、协定同本法有不同规定的，依照条约、协定的规定办理
7	中华人民共和国水法（2016 年 7 月 2 日修正）	第 78 条　中华人民共和国缔结或者参加的与国际或者国境边界河流、湖泊有关的国际条约、协定与中华人民共和国法律有不同规定的，适用国际条约、协定的规定。但是，中华人民共和国声明保留的条款除外。
8	中华人民共和国海洋环境保护法（2017 年 11 月 4 日修正）	第 96 条　中华人民共和国缔结或者参加的与海洋环境保护有关的国际条约与本法有不同规定的，适用国际条约的规定；但是，中华人民共和国声明保留的条款除外。
9	中华人民共和国国境卫生检疫法（2018 年 4 月 27 日修正）	第 24 条　中华人民共和国缔结或者参加的有关卫生检疫的国际条约同本法有不同规定的，适用该国际条约的规定。但是，中华人民共和国声明保留的条款除外。

① 本法自 2021 年 1 月 1 日《中华人民共和国民法典》施行后同时废止。

从表 1 中可以看出，我国法律有不少的条款规定了当国内法与条约规定出现不一致时，适用条约的规定。这种适用方式是条约直接适用的最主要的规定方式。在实践中，当国内法与条约的规定一致时，则应该适用国内法。条约的适用被限定在一个前提之下——条约与国内法不一致，这将大大减少条约适用的几率，这种规定方式实际解决的是国内法与条约发生冲突时何者优先的问题。条约可以直接适用的这一类条款都规定在涉外篇或者附则中，在涉外篇中规定的条款不适用于当事人都是国内主体的情况。在附则中规定的条款则多是补充性规定，这必将把条约直接适用的数量和范围限制在一个很小的范围里。

第二类，选择性直接适用条款，选择性适用条约的规定多采取以下措辞：在某事项上适用条约规定或按国内法的规定办理；在某事项上适用条约规定或按对等原则办理；在某事项上适用条约或者按互惠原则办理。比如《中华人民共和国专利法》（2020 修正）第 19 条第 3 款的规定。[①] 这一类法律规定条约与国内法可选择性适用。（见表 2）

表 2　规定条约直接适用的法律文件与相关条款

1	中华人民共和国领事特权与豁免条例（1990 年 10 月 30 日）	第 14 条第 1 款　领事官员和领馆行政技术人员执行职务的行为享有司法和行政管辖豁免。领事官员执行职务以外的行为的管辖豁免，按照中国与外国签订的双边条约、协定或者根据对等原则办理。
2	中华人民共和国公证法（2017 年 9 月 1 日修正）	第 45 条　中华人民共和国驻外使（领）馆可以依照本法的规定或者中华人民共和国缔结或者参加的国际条约的规定，办理公证。

① 《中华人民共和国专利法》（2020 年修正）第 19 条第 3 款的规定：“国务院专利行政部门依照中华人民共和国参加的有关国际条约、本法和国务院有关规定处理专利国际申请。”

续表

3	中华人民共和国商标法（2019 年 4 月 23 日修正）	第 17 条　外国人或者外国企业在中国申请商标注册的，应当按其所属国和中华人民共和国签订的协议或者共同参加的国际条约办理，或者按对等原则办理。
4	中华人民共和国专利法（2020 年 10 月 17 日）	第 17 条　在中国没有经常居所或者营业所的外国人、外国企业或者外国其他组织在中国申请专利的，依照其所属国同中国签订的协议或者共同参加的国际条约，或者依照互惠原则，根据本法办理。 第 29 条第 1 款修改为："申请人自发明或者实用新型在外国第一次提出专利申请之日起十二个月内，或者自外观设计在外国第一次提出专利申请之日起六个月内，又在中国就相同主题提出专利申请的，依照该外国同中国签订的协议或者共同参加的国际条约，或者依照相互承认优先权的原则，可以享有优先权。"

表 2 是关于法律规定的选择性直接适用条款，这一类规定，将条约的适用、国内法、其他原则置于同样的地位，可以选择适用其中任何的一个，这种方式给了条约适用主体以极大的能动性，可根据自身的需要选择更有利的规则。在国内法与条约对同一问题都有规定的情况下，国内法院宁愿选择国内法来审判案件，这与条约适用难度、国内法官的素质、法律适用的习惯等都有关系。有的法律规定"根据条约或者平等互惠原则办理"，平等互惠原则是蕴含一国主权与尊严的一项原则，在条约与该原则之间的选择，更多的是一种政治权衡。其最终是否会导向条约的适用，存在诸多的不确定因素。基于以上分析，这一类规定是不利于条约最终在国内的适用的，本书后面对于法院直接适用条约的案例的统计，没有关于表中的任何一项法律的适用也在实践上证明了这一点。

第三类，在某一具体事项上规定按照条约规定办理。比如《中华人民共和国继承法》中，在涉外继承的问题的上，规定了如果中国有条约对此作出了规定则适用条约的规定。[①] 这一类的法律规定见表3。

表3　规定条约直接适用的法律文件与相关条款

1	中华人民共和国继承法（1985年4月10日）	第36条　中国公民继承在中华人民共和国境外的遗产或者继承在中华人民共和国境内的外国人的遗产，动产适用被继承人住所地法律，不动产适用不动产所在地法律。外国人继承在中华人民共和国境内的遗产或者继承在中华人民共和国境外的中国公民的遗产，动产适用被继承人住所地法律，不动产适用不动产所在地法律。中华人民共和国与外国订有条约、协定的，按照条约、协定办理。
2	中华人民共和国归侨侨眷权益保护法（2009年8月27日修正）	第22条　国家对归侨、侨眷在境外的正当权益，根据中华人民共和国缔结或者参加的国际条约或者国际惯例，给予保护。
3	中华人民共和国驻外外交人员法（2009年10月31日）	第10条第1款　驻外外交人员依照中华人民共和国缔结或者参加的国际条约，在驻外工作期间享有相应的特权和豁免。
4	中华人民共和国渔业法（2013年12月28日修正）	第8条　外国人、外国渔业船舶进入中华人民共和国管辖水域，从事渔业生产或者渔业资源调查活动，必须经国务院有关主管部门批准，并遵守本法和中华人民共和国其他有关法律、法规的规定；同中华人民共和国订有条约、协定的，按照条约、协定办理。
5	中华人民共和国动物防疫法（2015年4月24日修正）	第28条第2款　国务院兽医主管部门应当依照我国缔结或者参加的条约、协定，及时向有关国际组织或者贸易方通报重大动物疫情的发生和处理情况。

① 比如《中华人民共和国继承法》第36条规定："中国公民继承在中华人民共和国境外的遗产或者继承在中华人民共和国境内的外国人的遗产，动产适用被继承人住所地法律，不动产适用不动产所在地法律。外国人继承在中华人民共和国境内的遗产或者继承在中华人民共和国境外的中国公民的遗产，动产适用被继承人住所地法律，不动产适用不动产所在地法律。中华人民共和国与外国订有条约、协定的，按照条约、协定办理。"《中华人民共和国继承法》于2021年1月1日《中华人民共和国民法典》施行后同时废止，下同。

续表

6	中华人民共和国对外贸易法（2016 年 11 月 7 日修正）	第 6 条　中华人民共和国在对外贸易方面根据所缔结或者参加的国际条约、协定，给予其他缔约方、参加方最惠国待遇、国民待遇等待遇，或者根据互惠、对等原则给予对方最惠国待遇、国民待遇等待遇。
7	中华人民共和国测绘法（2017 年 4 月 27 日修订）	第 20 条　中华人民共和国国界线的测绘，按照中华人民共和国与相邻国家缔结的边界条约或者协定执行，由外交部组织实施。中华人民共和国地图的国界线标准样图，由外交部和国务院测绘地理信息主管部门拟定，报国务院批准后公布。
8	中华人民共和国海关法（2017 年 11 月 4 日修正）	第 56 条　下列进出口货物、进出境物品，减征或者免征关税：……（六）中华人民共和国缔结或者参加的国际条约规定减征、免征关税的货物、物品。

表 3 里法律直接在条文中规定关于某一事项按照条约规定办理，这样的规定方式，规定指向明确具体，有利于条约的直接适用，但关于某一事项进行规定的这种方式，范围很窄，对条约的直接适用有较大的局限性。

以上三类是我国法律关于条约适用的主要的规定方式，根据这些国内法的规定，当法律规定的条件满足时，我国法院可以直接适用条约。

二、法规和规章规定条约的直接适用

法规、规章属于行政机关制定的规范性文件，虽然在法律位阶上效力级别低于法律，但法规、规章对上位法的补充规定更为具体明确。

（一）法规

对条约的适用作出规定的法规主要是行政法规，行政法规是国务院制定并颁布的规范性文件，行政法规的法律地位和效力仅次于宪法和法律，行政法规关于条约适用的规定与法律规定的类型基本相同。据本书统计，截至2015年9月，关于条约直接适用的行政法规有以下18项，见表4。

表4 法规关于条约直接适用的规定

1	中华人民共和国涉外海洋科学研究管理规定（1996年6月18日）	第14条 中华人民共和国缔结或者参加的国际条约与本规定有不同规定的，适用该国际条约的规定；但是，中华人民共和国声明保留的条款除外。
2	中华人民共和国核出口管制条例（2006年11月9日修订）	第22条 中华人民共和国缔结或者参加的国际条约同本条例有不同规定的，适用国际条约的规定；但是，中华人民共和国声明保留的条款除外。
3	核电厂核事故应急管理条例（2011年1月8日修订）	第41条 对可能或者已经造成放射性物质释放超越国界的核事故应急，除执行本条例的规定外，并应当执行中华人民共和国缔结或者参加的国际条约的规定，但是中华人民共和国声明保留的条款除外。
4	中华人民共和国民用航空安全保卫条例（2011年1月8日修订）	第2条 在中华人民共和国领域外从事民用航空活动的具有中华人民共和国国籍的民用航空器适用本条例；但是，中华人民共和国缔结或者参加的国际条约另有规定的除外。
5	企业名称登记管理规定（2012年11月9日修订）	第25条第2款 中国企业的企业名称与外国（地区）企业的企业名称在中国境内发生争议并向登记主管机关申请裁决时，由国家工商行政管理局依据我国缔结或者参加的国际条约的规定的原则或者本规定处理。
6	中华人民共和国植物新品种保护条例（2014年7月29日修订）	第20条 外国人、外国企业或者外国其他组织在中国申请品种权的，应当按其所属国和中华人民共和国签订的协议或者共同参加的国际条约办理，或者根据互惠原则，依照本条例办理。

续表

7	中华人民共和国野生植物保护条例（2017 年 10 月 7 日修订）	第 31 条 中华人民共和国缔结或者参加的与保护野生植物有关的国际条约与本条例有不同规定的，适用国际条约的规定；但是，中华人民共和国声明保留的条款除外。
8	防治船舶污染海洋环境管理条例（2018 年 3 月 19 日修订）	第 50 条第 1 款 船舶污染事故的赔偿限额依照《中华人民共和国海商法》关于海事赔偿责任限制的规定执行。但是，船舶载运的散装持久性油类物质造成中华人民共和国管辖海域污染的，赔偿限额依照中华人民共和国缔结或者参加的有关国际条约的规定执行。 第 73 条 中华人民共和国缔结或者参加的国际条约对防治船舶及其有关作业活动污染海洋环境有规定的，适用国际条约的规定。但是，中华人民共和国声明保留的条款除外。
9	外国企业常驻代表机构登记管理条例（2018 年 9 月 18 日修订）	第 13 条 代表机构不得从事营利性活动。中国缔结或者参加的国际条约、协定另有规定的，从其规定，但是中国声明保留的条款除外。
10	中华人民共和国中外合作办学条例（2019 年 3 月 2 日修订）	第 34 条第 4 款 中国对中外合作办学机构颁发的外国教育机构的学历、学位证书的承认，依照中华人民共和国缔结或者加入的国际条约办理，或者按照国家有关规定办理。
11	中华人民共和国船员条例（2020 年 3 月 27 日修正）	第 23 条第 1 款 船员用人单位应当依照有关劳动合同的法律、法规和中华人民共和国缔结或者加入的有关船员劳动与社会保障国际条约的规定，与船员订立劳动合同。

（二）规章

对条约适用作出规定的规章主要是指国务院部门规章，国务院部门规章是国务院各部门、各委员会、审计署等制定并发布的规范性文件。国务院部门规章规定的事项是本部门范围的事项。截至 2015 年 9 月，规定中涉及条约的部门规章有 134 项，关于条约直接适用的规定，见

表5。

表5　规章关于条约直接适用的规定

1	民用航空预先飞行计划管理办法（2006年4月3日）	第38条　中华人民共和国缔结或者参加的国际条约对某一空域预先飞行计划的管理有特别规定的，从其规定。
2	中华人民共和国植物新品种保护条例实施细则（农业部分）（2014年4月25日修订）	第27条　申请人在向品种保护办公室提出品种权申请12个月内，又向国外申请品种权的，依照该国或组织同中华人民共和国签订的协议或者共同参加的国际条约，或者根据相互承认优先权的原则，可以请求品种保护办公室出具优先权证明文件。
3	保险公估机构监管规定（2015年10月19日修订）	第74条　经中国保监会批准设立的外资保险公估机构适用本规定。我国参加的有关国际条约和中国保监会另有规定的，适用其规定。
4	保险专业代理机构监管规定（2015年10月19日修订）	第88条第1款　经中国保监会批准设立的外资保险专业代理机构适用本规定，我国参加的有关国际条约和中国保监会另有规定的，适用其规定。
5	保险经纪机构监管规定（2015年10月19日修订）	第94条　经中国保监会批准设立的外资保险经纪机构适用本规定，我国参加的有关国际条约和中国保监会另有规定的，适用其规定。
6	民用运输机场突发事件应急救援管理规则（2016年4月20日）	第67条　中华人民共和国缔结或者参加的国际条约与本规则有不同规定的，适用国际条约的规定，但中华人民共和国声明保留的条款除外。
7	气象行业管理若干规定（2017年1月18日）	第24条　中华人民共和国缔结或者参加的有关气象活动的国际条约与本规定有不同规定的，适用该国际条约的规定；但是，中华人民共和国声明保留的条款除外。
8	专利审查指南（2017年2月8日修正）	4. 1. 3. 2申请人是外国人、外国企业或者外国其他组织专利法第十八条规定：在中国没有经常居所或者营业所的外国人、外国企业或者外国其他组织在中国申请专利的，依照其所属国同中国签订的协议或者共同参加的国际条约，或者依照互惠原则，根据本法办理。

续表

9	渔业捕捞许可管理规定（2020 年 7 月 8 日修正）	第 2 条　中华人民共和国的公民、法人和其他组织从事渔业捕捞活动，以及外国人、外国渔业船舶在中华人民共和国领域及管辖的其他水域从事渔业捕捞活动，应当遵守本规定。中华人民共和国缔结的条约、协定另有规定的，按条约、协定执行。

从表4、表5 可以看出，我国法规、规章关于条约直接适用的规定数量较多，规定的方式与法律对条约的规定类似。规定了一些独特的领域或某一事项适用条约的规则。比如对于民用航空、气象活动、渔业捕捞等，在条约的适用上更具有针对性和具体性。但同时也因为数量较多，增加了法律执法的难度。另外，在法律位阶相对较低的法规、规章中来对加入的条约作出适用的规定，还可能造成立法资源的浪费，比如，民法通则已经对条约的适用作出了规定，民事性法规、规章应以民法通则为指导，与民法通则的规定相一致，不需要再额外作出相似或相同的规定。法规、规章对条约适用再次作出规定也可能产生与其上位法不一致的情况，造成实践结果的不一致。我国民法典没有对条约的适用作出规定，而是规定中华人民共和国领域内的民事活动适用中华人民共和国法律，法律另有规定的依照其规定。按照我国民法典，一律指向适用国内法。当条约与国内法不一致时，若僵化地按照此规定适用国内法，将有可能导致我国违背国际条约义务。

三、司法解释规定条约的直接适用

最高人民法院是我国的最高审判机关，在审判过程中如何具体应用法律是宪法赋予最高人民法院的职权之一，最高人民法院对条约所做的司法解释是填补空白，保障条约适用的必要手段。最高人民法院关于条约适用的司法解释可以分为两类：一类是关于条约适用的一般性的司法解释，如1995年与外交部、最高人民检察院、公安部、安全部、司法部联合发布的《关于处理涉外案件若干问题的规定》中对于涉外的案件如何适用条约的规定。① 另一类是规定某一类事项根据条约的规定办理，如《最高人民法院关于适用〈中华人民共和国刑事诉讼法〉的解释》关于如何通知驻华使领馆事项的规定。② 对某一事项规定按照条约规定办理，规定明确具体，非常有利于条约在国内的直接适用。相关规定见表6。

表6　司法解释关于条约直接适用的规定

1	外交部、最高人民法院、最高人民检察院等关于处理涉外案件若干问题的规定（1995年6月20日）	一、（三）处理涉外案件，在对等互惠原则的基础上，严格履行我国所承担的国际条约义务。当国内法或者我内部规定同我国所承担的国际条约义务发生冲突时，应当适用国际条约的有关规定（我国声明保留的条款除外）。各主管部门不应当以国内法或者内部规定为由拒绝履行我国所承担的国际条约规定的义务。
2	最高人民法院关于行政诉讼证据若干问题的规定（2002年7月24日）	第16条　当事人向人民法院提供的在中华人民共和国领域外形成的证据，应当说明来源，经所在国公证机关证明，并经中华人民共和国驻该国使领馆认证，或者履行中华人民共和国与证据所在国订立的有关条约中规定的证明手续。

① 1995年《外交部、最高人民法院、最高人民检察院、公安部、国家安全部、司法部关于处理涉外案件若干问题的规定》中规定："处理涉外案件，在对等互惠原则的基础上，严格履行我国所承担的国际条约义务，当国内法规定同我国所承担的国际条约义务发生冲突时，应当使用国际条约的有关规定（我国声明保留的条款除外）。"

② 《最高人民法院关于适用〈中华人民共和国刑事诉讼法〉的解释》第397条规定："需要向有关国家驻华使、领馆通知有关事项的，应当层报高级人民法院，由高级人民法院按照下列规定通知：（一）外国籍当事人国籍国与我国签订有双边领事条约的，根据条约规定办理……"

续表

3	最高人民法院关于审理国际贸易行政案件若干问题的规定（2002年8月27日）	第9条 人民法院审理国际贸易行政案件所适用的法律、行政法规的具体条文存在两种以上的合理解释，其中有一种解释与中华人民共和国缔结或者参加的国际条约的有关规定相一致的，应当选择与国际条约的有关规定相一致的解释，但中华人民共和国声明保留的条款除外。
4	最高人民法院关于适用《中华人民共和国刑事诉讼法》的解释（2012年12月20日）	第397条 需要向有关国家驻华使、领馆通知有关事项的，应当层报高级人民法院，由高级人民法院按照下列规定通知： （一）外国籍当事人国籍国与我国签订有双边领事条约的，根据条约规定办理；未与我国签订双边领事条约，但参加《维也纳领事关系公约》的，根据公约规定办理；未与我国签订领事条约，也未参加《维也纳领事关系公约》，但与我国有外交关系的，可以根据外事主管部门的意见，按照互惠原则，根据有关规定和国际惯例办理……
5	最高人民法院关于适用《中华人民共和国民事诉讼法》的解释（2015年1月30日）	第523条 外国企业或者组织参加诉讼，向人民法院提交的身份证明文件，应当经所在国公证机关公证，并经中华人民共和国驻该国使领馆认证，或者履行中华人民共和国与该所在国订立的有关条约中规定的证明手续。 第533条 中华人民共和国法院和外国法院都有管辖权的案件，一方当事人向外国法院起诉，而另一方当事人向中华人民共和国法院起诉的，人民法院可予受理。判决后，外国法院申请或者当事人请求人民法院承认和执行外国法院对本案作出的判决、裁定的，不予准许；但双方共同缔结或者参加的国际条约另有规定的除外。

续表

6	最高人民检察院关于以检察专递方式邮寄送达有关检察法律文书的若干规定（2015 年 2 月 13 日）	第 1 条　法律规定可以邮寄送达的检察法律文书，人民检察院可以交由邮政企业以检察专递方式邮寄送达，但下列情形除外：……（三）法律规定、我国缔结或者参加的国际条约中约定有特别送达方式的。
7	人民检察院刑事诉讼规则（2019 年 12 月 30 日）	第 671 条　人民检察院依据国际刑事司法协助法等有关法律和有关刑事司法协助条约进行刑事司法协助。

表 6 司法解释关于条约适用的规定，法院根据这些司法解释直接援引条约作为审判依据，这种方式解决了法律没有直接规定的弊端，有利于指导法院的审判实践，但是同时也存在一些问题。

首先，司法解释解决条约适用方式只能一事一议，对缔结或加入的条约逐个立法的方式比较浪费司法资源，面对数量庞大的条约，用司法解释解决条约的适用方式显然不太现实。

其次，司法解释解决条约适用方式的问题，必然造成司法解释的大量使用，司法解释数量的增长，在一定程度上会增加司法难度。

第二节　条约在中国直接适用的实践

一、条约在中国法院直接适用的数据及分析

条约在我国司法实践中直接适用的情况，最直接的体现是在法院对条约的直接适用。1949～1978 年，根据对《中华人民共和国条约集》历年收录条约数据的统计，1949～1978 年年底中国缔结的条约性文件总

数为1569个。[①] 这一时期，我国缔结的条约数量较少，并且在类型上多是政治方面的友好条约。[②] 按照斯洛斯对条约的三分法，这类条约属于规范国家间关系的水平型条约，与规范国家与私人关系的垂直型条约和规范私人间跨国关系的跨国型条约不同，这类条约几无可能在法院适用，[③] 并且这个时期，法院遭到削弱、破坏，一直处于动荡之中，无法充分地发挥法院的功能，条约在法院的适用也无从论及。

1979年改革开放之后，中国签订条约的数量大大增加，根据2011年出版的《中国国际法实践与案例》的统计，至该书出版时止，中国与世界各国及一些国际组织签订了两万多项的双边条约，参加了340多项的多边条约。[④] 条约数量增加的同时，条约的种类和涉及的领域也得到扩展，它不再局限于以往的以政治性友好条约，而是广涉经贸、科技、文化、交通、领事、投资保护、避免双重征税、和平利用核能、司法协助等诸多领域。[⑤] 这些领域的条约多数属于规范国家与私人关系的垂直型条约

---

① 参见外交部编：《中华人民共和国条约集·第十一集（1962）》，世界知识出版社1963年版；外交部编：《中华人民共和国条约集·第二十一集（1974）》，世界知识出版社1981年版；外交部编：《中华人民共和国条约集·第二十六集（1979）》，世界知识出版社1983年版；外交部编：《中华人民共和国条约集·第二十七集（1980）》，世界知识出版社1984年版；外交部编：《中华人民共和国条约集·第二十八集（1981）》，世界知识出版社1984年版；外交部编：《中华人民共和国条约集·第二十九集（1982）》，世界知识出版社1987年版；外交部编：《中华人民共和国条约集·第三十集（1983）》，世界知识出版社1990年版；外交部编：《中华人民共和国条约集·第三十一集（1984）》，世界知识出版社1991年版。

② 外交部组织编纂的《中国外交概览（1988）》明确指出，20世纪50年代和60年代前期是中国对外缔结条约数量较多的时期，而这一时期缔约工作的突出特点就是同社会主义国家和许多亚非地区新兴国家签订了一系列友好条约。其中最著名的是1950年签订的《中华人民共和国和苏维埃社会主义共和国联盟有好同盟互助条约》。

③ See Davis Sloss, Treaty Enforcement in Domestic Courts: A Comparative Analysis, in David L. Sloss, ed., The Role of Domestic Courts in Treaty Enforcement: A Comparative Study, Oxford: Cambridge University Press, 2009: 1.

④ 参见段洁龙主编：《中国国际法实践与案例》，法律出版社2011年版，第187页。

⑤ 参见中华人民共和国外交部外交史编辑室主编：《中国外交概览（1988）》，世界知识出版社1988年版，第461~464页。

和规范私人间跨国关系的跨国性条约。

这一时期，人民法院得到了恢复和重建，1979 年通过了《人民法院组织法》。1982 年《宪法》明确规定：人民法院是国家的审判机关，人民法院享有独立的审判权，人民法院的审判不受其他部门和势力的干涉，人民法院在自身建设方面稳定发展。1984 年海事法院设立，2000 年最高人民法院民事审判第四庭组建，主要负责全国涉外商事、海事案件的审判。条约的适用主要集中在涉外和商事海事案件，这两个组织的设立为条约的适用创建了平台。

截至 2010 年 11 月，审理涉外民商事案件的法院已由原来的省会所在地城市中级法院扩展到全国 167 个中院和 67 个基层法院，全国法院系统有近 3000 名职业化、高素质的法官从事涉外民商事案件的审判工作。①

1979 年以来制定的很多法律法规中出现了“直接适用条约”的条款，由此从立法层面保障了条约能够为中国法院适用。据统计，截至 2004 年 12 月 9 日，我国共有约 79 部法律法规，这些法律法规中有约 119 个条款涉及“条约的直接适用”，② 笔者统计，截至 2014 年年底，我国在审判实践中曾经直接援引包括《联合国国际货物销售合同公约》等共 30 多个条约。③ 法院在审判中，直接适用条约的案例数量也随之不断增多，但我们对于 1979 年以来的三十多年中，具体在多少案件中适用过条约却难有精确的统计。我们只能在尽可能的范围内收集更多的中国法院适用条约的案例，从中概括出条约在中国法院适用的现状特点。本书使用案例数据来源于北大法宝，北大法宝的案例数据来源于各级人

① 参见张琰等：《专访最高人民法院涉外法庭庭长刘贵祥》，载 http：//www. chinadaily. com. cn/zgrbjx/2010-12/18/content_11727442. htm，最后访问时间：2015 年 7 月 21 日。

② 王勇：《论条约适用制度载入我国宪法》，载《江苏社会科学》2013 年第 2 期。

③ 统计数据来源于北大法宝：http：//www. pkulaw. cn/。

民法院陆续公布的法院裁判文书、各级人民法院陆续公布的最新案例、最高人民法院公报和最高人民检察院公报，北大法宝数据库所得的数据并非中国审判情况的全貌，只是适用条约案例的一部分。数据统计时间是 2014 年 3 月，仅供参考。本书从北大法宝收录的 7,049,810 份裁判文书中，经过查找和筛选出直接适用条约的案例 1337 个，通过对这些案例的分析，得出我国法院直接适用条约的一些特征。下面将相关信息统计如表 7 所示（仅供参考）。

表 7　法院直接适用条约审判案件情况统计　　单位：件

条约名称	直接适用条约的文书[4]数量	2014 年	2013 年	2012 年	2011 年	2011 年之前	案由及案件数量
伯尔尼公约	484	52	49	52	32	299	刑事 1 件 民事 458 件 行政 25 件 国家赔偿 1 件
保护工业产权巴黎公约	276	10	14	62	29	161	民事 100 件 行政 176 件 国家赔偿 2 件
联合国国际货物销售合同公约	147	19	22	17	22	67	民事 146 件 行政 1 件
1972 年国际海上避碰规则	112	15	13	5	8	71	民事 112 件
商标国际注册马德里协定	64	5	6	3	1	49	民事 45 件 行政 19 件
承认及执行外国仲裁裁决公约	39	12	5	2	4	16	民事 39 件 执行 2 件

① 包括判决书、裁定书、调解书。

续表

条约名称	直接适用条约的文书[④]数量	2014年	2013年	2012年	2011年	2011年之前	案由及案件数量
统一国际航空运输某些规则的公约	39	10	12	4	2	11	民事39件
华沙公约	31	4	1	4	2	20	民事31件
国际海运危险货物规则	24		2	1	7	14	民事24件
与贸易有关的知识产权协定	17	1	1	4	4	7	民事16件 行政1件
1992年国际油污损害民事责任公约	11				2	9	民事11件
国际海上人命安全公约	11	2	2	1	2	4	民事11件
中美关于保护知识产权的谅解备忘录	10	6				4	民事10件
联合国海上货物运输公约	9					9	民事9件
中华人民共和国和俄罗斯联邦关于民事和刑事司法协助的条约	9	1	2	1	2	3	民事9件
关于向国外送达民事或商事司法文书和司法外文书公约	9	2		1	3	3	民事9件
中韩渔业协定	8					8	民事8件
万国邮政公约	6	1	1	1		3	民事6件

续表

条约名称	直接适用条约的文书④数量	2014年	2013年	2012年	2011年	2011年之前	案由及案件数量
国际铁路货物联运协定	6	1		3	2		民事6件
中华人民共和国和韩国关于民事和商事司法协助的条约	5			5			民事5件
1910年统一船舶碰撞某些法律规定的国际公约	3					3	民事3件
中华人民共和国和意大利共和国关于民事司法协助的条约	2	2					民事2件
中华人民共和国和越南社会主义共和国关于民事和刑事司法协助的条约	1	1					民事1件
中华人民共和国和白俄罗斯共和国关于民事和刑事司法协助的条约	1		1				民事1件
中华人民共和国和罗马尼亚关于民事和刑事司法协助的条约	1			1			民事1件
联合国海洋法公约	2					2	民事2件
1973年国际防止船舶造成污染公约	1					1	民事1件

续表

条约名称	直接适用条约的文书[4]数量	2014年	2013年	2012年	2011年	2011年之前	案由及案件数量
中澳投资保护协定	1					1	行政1件
中意关于鼓励和相互保护投资协定	2					2	民事2件
中俄双边贸易协定	1					1	民事1件
中美税收协定	1		1				民事1件
中日渔业协定	1					1	行政1件
国际植物新品种保护公约	1		1				民事1件
国际船舶吨位丈量公约	1					1	民事1件
保护录音制品制作者防止未经许可复制其录音制品公约	1					1	民事1件

从表7关于法院直接适用的案例的统计中，可以看出我国法院直接适用条约具有以下特征：

1. 直接适用条约案例逐年递增。最高人民法院每年向全国人大所作的工作报告所提供的统计数据显示：1988~1992年，全国法院共受理涉外案件6186件；[1] 1993~1997年，全国法院共审结一审涉外案件19，074件，平均每年递增14.57%；[2] 1998~2002年，全国法院共审结涉

① 参见任建新：《最高人民法院工作报告——1993年3月22日在第八届全国人民代表大会第一次会议上》，载余民才主编：《国际法专论》，中信出版社2003年版。

② 任建新：《最高人民法院工作报告——1998年3月10日在第九届全国人民代表大会第一次会议上》，载http：//www.cnki.com.cn/Article/CJFDTotal-FYGB199802000.htm，最后访问时间：2015年6月23日。

外案件26,399件，平均每年递增4%；[①] 2003~2007年，全国法院共审结涉外民商事和海事海商案件64,558件，同比上升14.97%；[②] 2008~2012年，全国法院审结一审涉外商事和海事海商案件10.6万件，同比上升64.2%。[③] 2013年审结一审涉外商事案件5364件，涉港澳台案件1.5万件，海事海商案件1.1万件。办理送达文书、调查取证、裁判认可等国际、区际司法协助案件1.3万件。[④] 2014年各级法院审结一审涉外商事案件5804件，海事海商案件1.2万件，办理国际司法协助案件6014件。[⑤]

从以上数据中可以看出，我国办理涉外案件的数量呈现逐年递增的趋势，而我国适用条约的案件集中在涉外案件类型，万鄂湘大法官曾指出，我国对于国际条约的适用自改革开放以来，已经形成了一个惯例，我国适用国际条约只局限于“涉外法律关系”中。[⑥]

2. 直接适用国际条约的案例种类最多的是民商事案件1112件，在这1337个案件中所占比例为83.17%；其次是行政案件224件，在这1337个案件中所占比例是16.75%；最后是刑事案件1件，占0.08%。

---

① 肖扬：《最高人民法院工作报告——2003年3月11日在第十届全国人民代表大会第一次会议上》，载 http://www.law-lib.com/fzdt/newshtml/20/20050710161050.htm，最后访问时间：2015年6月23日。

② 肖扬：《最高人民法院工作报告——2008年3月10日在第十一届全国人民代表大会第一次会议上》，载 http://www.npc.gov.cn/wxzl/gongbao/2008-03/18/content_1475440.htm，最后访问时间：2015年6月23日。

③ 王胜俊：《最高人民法院工作报告——2013年3月10日在第十二届全国人民代表大会第一次会议上》，载 http://news.hdjwww.com/app/news/html/2013/3/2013-03-22/338059.html，最后访问时间：2015年6月23日。

④ 周强：《最高人民法院工作报告——2014年3月10日在第十二届全国人民代表大会第二次会议上》，载 http://legal.china.com.cn/2014-03/17/content_31809334.htm，最后访问时间：2015年6月23日。

⑤ 周强：《最高人民法院工作报告》，载 http://news.sina.com.cn/c/2015-03-20/131531627718.shtml，最后访问时间：2015年6月23日。

⑥ 万鄂湘：《加强涉外审判工作，全面迎接入世挑战》，载中国涉外商事海事审判指导与研究，2001年第1期。

涉外民商事案件是直接适用国际条约的主要类型，其中民商事案件及行政诉讼案件能达到96%，刑事案件仅为4%。仅2009年审结的民商事案件就达到11,470件。这种情况的出现与涉外民商事案件大多规定了直接适用条约的条款有关。

刑事案件法院直接适用条约的数量较少，我国刑法中没有直接适用条约的条款。据外交学院高秀东教授统计，我国共有18部法律法规、司法解释、司法性文件、行政规章和行政规范性文件涉及条约在刑事司法领域的适用。其中17部共59个条款为直接适用条约的规定。[①] 这些规定以程序性的规定为主。

从现有的规定看，规定犯罪的实体性条款不能够在我国直接适用，国际公约中关于刑事责任一般也只有原则性规定，而无具体性规定。另外，国际刑事条约只要求严惩犯罪而没有具体规定量刑标准的突出特点，在客观上也使得这类条约一般都不具有直接适用性，需要经过国内的实施立法才能具体适用。有观点认为，在我国刑事立法没有明确规定国际法优先原则的情况下，为了法律的统一理解和正确实施，法院不宜直接引用国际公约作为判决的依据。[②] 这是法院直接适用条约审判刑事案件的数量较少的主要原因。

从现有的规定看，规定犯罪的实体性条款不能够在我国直接适用，国际公约中关于刑事责任一般也只有原则性规定，而无具体性规定。另外，国际刑事条约只要求严惩犯罪而没有具体规定量刑标准的突出特点在客观上也使得这类条约一般都不具有直接适用性，需要经过国内的实施立法才能具体适用。有观点认为，在我国刑事立法没有明确规定国际法优先原则的情况下，为了法律的统一理解和正确实施，法院不宜直接

① 本统计数字包括已经失去法律效力的文件在内。高秀东：《国际刑事条约在中国的适用》，中国人民公安大学出版社2012年版，第124页。

② 薛淑兰编著：《引渡司法审查研究》，中国人民公安大学出版社2008年版，第72页。

引用国际公约作为判决的依据。[①] 这是法院直接适用条约审判刑事案件的数量较少的主要原因。

二、中国法院直接适用条约的典型案例

案例一：上海振华港口机械有限公司诉美国联合包裹运送服务公司“国际航空货物运输合同标书快递延误赔偿纠纷案”。[②] 在该案中，原告为了参与也门共和国港务局的一项岸边集装箱起重的业务，进行投标活动，原告通过被告的快递公司将标书邮寄，并要求被告需要在规定的时间将该邮件送到指定的地点，后由于被告疏忽，标书在上海滞留两天多后，导致原告错过投标截止日期，失去了投标机会。原告要求被告赔偿其损失。

根据《中华人民共和国邮政法》第 47 条的规定[③]，对于邮件寄送赔偿责任采用的是限额赔偿，即按实际损失赔偿，但是最高赔偿额不高于资费的三倍，在这样的法律规定下，原告只能够获得按照邮资资费三倍赔偿。

运单的背面备注了适用《华沙公约》[④] 和修改议定书，应视为当事双方都同意接受这两项规定，同时，我国是《华沙公约》及其修改议

① 薛淑兰编著：《引渡司法审查研究》，中国人民公安大学出版社 2008 年版，第 72 页。

② 中国法院网：http：//www.chinacourt.org/article/detail/2002/11/id/17951.shtml，最后访问时间：2015 年 4 月 18 日。

③ 未保价的给据邮件丢失、损毁或者内件短少的，按照实际损失赔偿，但最高赔偿额不超过所收取资费的三倍；挂号信件丢失、损毁的，按照所收取资费的三倍予以赔偿。

④ 华沙公约修改议定书全称：《修改 1929 年 10 月 12 日在华沙签订的同意国际航空运输某些规则的公约的议定书》（以下简称《海牙议定书》）。《修改 1929 年 10 月 12 日在华沙签订的同意国际航空运输某些规则的公约的议定书》第 11 条第 2 款关于“在运载登记的行李和载运货物时，承运人的责任以每公斤二百五十法郎为限，除非旅客或托运人在交运包件时曾特别声明在目的地交付时的利益并缴付必要的附加费。”“如登记的行李或货物的一部分货行李、货物中的任何物件发生遗失、损毁或延误，用于决定承运人责任限额的重量，仅为该一包件或该数包件的总重量”。

定书的会员国，根据公约修改议定书的规定，“在运载登记的行李和载运货物时，承运人的责任以每公斤二百五十法郎为限，除非旅客或托运人在交运包件时，曾特别声明在目的地交付时的利益并缴付必要的附加费”和“如登记的行李或货物的一部分或行李、货物中的任何物件发生遗失、损坏或延误，用于决定承运人责任限额的重量，仅为该一包件或该数包件的总重量”。[①] 华沙公约修改议定书的规定与《中华人民共和国邮政法》关于邮件寄运过程中损害赔偿的规定并不一致，适用《中华人民共和国邮政法》或者华沙公约修改议定书的规定将得到不一样的审判结果。

《中华人民共和国民法通则》第 142 条第 2 款规定：条约与国内法规定不一致时，适用条约的规定。法院据此直接适用了华沙公约修改议定书的相关规定，确定了美国联合包裹运送服务公司对上海振华港口机械有限公司的赔偿。

案例二：美国联合企业有限公司与中国山东省对外贸易总公司烟台公司购销合同纠纷案，[②] 两公司签订了合同，约定由烟台公司向联合公司销售大蒜，后烟台公司按照约定，分两次从中国的港口将大蒜发往美国的港口，联合公司对烟台公司发来的大蒜提出存在质量问题，关于此问题两公司多次电函协商，没有达成一致。山东省高级人民法院审理认为，双方签订的大蒜购销合同合法有效，烟台公司发运给联合公司的 1~31 批大蒜已销售完，应予以付款，32~39 批大蒜因部分存在质量问题，双方应就质量问题解决后再作处理。法院依照《联合国国际货物销售公约》判决联合公司应支付烟台公司大蒜款以及滞纳金。后联合公司

---

① 载中国法院网：http：//www. chinacourt. org/article/detail/2002/11/id/17951. shtml，最后访问时间：2015 年 4 月 18 日。

② 载法律图书馆：http：//www. law - lib. com/lawhtm/2000/84666. htm，最后访问时间：2015 年 4 月 18 日。

提出了上诉并被驳回，二审维持原判决。

案例三：二十世纪福克斯公司诉北京市文化艺术出版社音像大世界侵犯著作权纠纷案①。本案原告福克斯公司是电影《独闯龙潭》《虎胆龙威》著作权的合法拥有者，状告被告北京音像大世界未经授权而发行、销售原告拥有著作权的电影作品的激光视盘。北京市第一中级人民法院根据中美两国签订的《关于保护知识产权谅解备忘录》和中国加入的《伯尔尼公约》判定在美国取得著作权的《独闯龙潭》《虎胆龙威》两部电影作品也应受到中国法律的保护。据此，法院判决原告停止侵权并承担相应的侵权责任。

案例四：利比里亚易迅航运公司与巴拿马金光海外私人经营有限公司船舶碰撞损害赔偿纠纷案。② 这两家公司的两艘轮船，"易迅轮"和"延安轮"在公海上发生了碰撞，就船舶的碰撞损害，利比里亚易迅航运公司向天津海事法院提起诉讼，在此诉讼中，巴拿马金光公司提起反诉，经过天津还是法院对该案件的合并审理，法院认为："易迅"轮没有遵守《1972 年国际海上避碰规则》第 5 条、第 8 条第 1 款、第 15 条、第 16 条、第 34 条第 1 款规定，应由原告承担主要的碰撞责任，被告"延安"轮违背了《1972 年国际海上避碰规则》第 5 条、第 7 条第 2 款、第 17 条及第 34 条第 1 款和第 4 款规定，承担碰撞的次要责任。天津海事法院依此作出判决。③

案例五：阿卜杜勒·瓦希德诉中国东方航空股份有限公司航空旅客运输合同纠纷案。④ 2004 年 12 月 29 日，阿卜杜勒购买了一张由香港国

① 载中国法院网：http：//www. chinacourt. org/article/detail/2002/11/id/17971. shtml，最后访问时间：2015 年 4 月 18 日。

② 转引自北大法宝网。

③ 2015 年 4 月《最高人民法院关于发布第十批指导性案例的通知》中的案例节选。

④ 转引自北大法宝网。

泰航空公司的机票。后因浦东机场下中雪，导致阿卜杜勒及其家属延迟到达香港机场，并且延误了国泰航空公司飞卡拉奇的衔接航班。阿卜杜勒要求东方航空公司赔偿损失。

法院根据《中华人民共和国民法通则》《1955年在海牙修改的华沙公约》、1961年《瓜达拉哈拉公约》,[①] 来确定案件的管辖。我国民法通则规定的民事法律与条约不一致的，适用条约。使法律审判适用上述所说的两项公约，而我国和巴基斯坦是这两个公约的缔约国。所以，根据这三个法律条文的内容规定，上海市浦东新区人民法院有权对这起国际航空旅客运输合同纠纷进行管辖。

根据《1955年在海牙修改的华沙公约》的规定对于旅客因飞机延误带来的损失，航空公司应该承担责任，但是对于不可能采取措施避免的情况，就可以免责。[②] 也就是说，对于因为不可抗力的天气原因发生的飞机延误，航空公司是无法预见且避免的，所以对此东航无须承担责任。但东航没有采取措施避免因延误给旅客造成的损失，对此应承担赔偿责任。

---

① 法院根据《中华人民共和国民法通则》第142条第1款规定："涉外民事关系的法律适用，依照本章的规定确定。"第2款规定："中华人民共和国缔结或者参加的国际条约同中华人民共和国的民事法律有不同规定的，适用国际条约的规定，但中华人民共和国声明保留的条款除外。"我国和巴基斯坦都是《经1955年海牙议定书修订的1929年华沙统一国际航空运输一些规则的公约》（以下简称《1955年在海牙修改的华沙公约》）和1961年《统一非立约承运人所办国际航空运输的某些规则以补充华沙公约的公约》（以下简称《瓜达拉哈拉公约》）的缔约国，故这两个国际公约对本案适用。《1955年在海牙修改的华沙公约》第28条第（1）款规定：有关赔偿的诉讼，应该按原告的意愿，在一个缔约国的领土内，向承运人住所地或其总管理处所在地或签订契约的机构所在地法院提出，或向目的地法院提出。第32条规定：运输合同的任何条款和在损失发生以前的任何特别协议，如果运输合同各方借以违背本公约的规则，无论是选择所适用的法律或变更管辖权的规定，都不生效力。

② 《1955年在海牙修改的华沙公约》第19条规定：承运人对旅客、行李或货物在航空运输过程中因延误而造成的损失应负责任。第20条第（1）款规定：承运人如果证明自己和他的代理人为了避免损失的发生，已经采取一切必要的措施，或不可能采取这种措施时，就不负责任。

案例六：厦门象屿集团有限公司与米歇尔贸易公司仲裁协议案[①]。申请人与被申请人于2004年3月26日签署了一份钢材买卖合同。合同的仲裁条款内容为：与本合同相关或因本合同引起的任何争议应根据国际商会仲裁院仲裁规则，并由依据可从网址 www. iccwbo. org 获得的上述规则指定的一名或多名仲裁员进行最终裁决。

针对该项仲裁条款约定是否有效问题，根据我国仲裁法的规定，当事人通过协议对仲裁事项和委员会约定不明的，应属于无效的协议。[②]《关于仅选择仲裁地点而对仲裁机构没有约定的仲裁条款效力问题的函》中也对此问题作了详细的规定，只约定了仲裁地点，而没有约定仲裁机构的，此项仲裁协议应做无效处理。[③] 也就是说，仅约定仲裁地点没有约定仲裁机构且又无法事后达成补充协议的，仲裁条款无效。

根据《承认及执行外国仲裁裁决公约》则应认定本案所涉仲裁协议有效，福建省厦门市中级人民法院根据《承认及执行外国仲裁裁决公约》第1条第（2）项、《中华人民共和国民事诉讼法》第140条第1款第（11）项、《中华人民共和国仲裁法》第20条第1款之规定，裁定：申请人厦门象屿集团有限公司与被申请人米歇尔贸易公司钢材买卖合同中的仲裁条款有效。

以上六个案例是我国法院直接根据条约作出判决的典型案例，有的

---

① 转引自找法网。

② 《中华人民共和国仲裁法》第18条规定："仲裁协议对仲裁事项或者仲裁委员会没有约定或者约定不明确的，当事人可以补充协议；达不成补充协议的，仲裁协议无效。"《最高人民法院关于仅选择仲裁地点而对仲裁机构没有约定的仲裁条款效力问题的函》中规定："合同仲裁条款中双方当事人仅约定仲裁地点，而对仲裁机构没有约定。发生纠纷后，双方当事人就仲裁机构达不成补充协议，应依据《中华人民共和国仲裁法》第十八条之规定，认定本案所涉仲裁协议无效。"

③ 《最高人民法院关于仅选择仲裁地点而对仲裁机构没有约定的仲裁条款效力问题的函》规定："合同仲裁条款中双方当事人仅约定仲裁地点，而对仲裁机构没有约定。发生纠纷后，双方当事人就仲裁机构达不成补充协议，应依据《中华人民共和国仲裁法》第十八条之规定，认定本案所涉仲裁协议无效。"

案件直接根据条约的规定对案件所涉事项作出裁判，有的案件则是在国内法与国际条约规定发生冲突的情况下，根据条约优先的原则，选择适用条约的规定对案件作出裁判。

第三节　表明条约在中国间接适用的国内法条款

条约在我国的间接适用，适用的内容是我国根据条约制定的国内法，从狭义的条约适用角度来说，法院适用根据条约制定的国内法，就是间接适用条约。但根据条约制定的国内法与其他国内法并无实质上的区别。间接适用的内容是我国制定的法律法规及司法解释。很多法律法规中规定了其制定的依据为某项条约，这不是条约在国内间接适用的内容，这是条约在国内间接适用的说明性条款，也可以将其认为是条约在我国间接适用的证据或者说导引性条款。本节把这类规定进行了整理和归纳。

一、表明条约在中国间接适用的法律条款

条约在我国国内的间接适用的国内法内容是通过国内法根据条约规定进行废、改、立的立法活动实现的，我国很多法律对条约规定内容是否采纳并未作出明确的说明，也有一些法律在条文中明确指出了是根据某某条约制定的。比如：1985 年 7 月 1 日《海运出口危险货物包装检验管理办法（试行）》第 1 条规定了：“参照《国际海上危险货物运输规则》的要求，特制定本办法。”1990 年 4 月 4 日《中华人民共和国香港特别行政区基本法》对于《公民权利和政治权利国际公约》《经济、社会及文化权利的国际公约》和《国际劳工公约》这三个公约在我国

香港特别行政区的适用作出了规定，规定应该由我国香港特别行政区予以立法来执行。①

也有的法律规定根据有关的国际条约制定，但未指出是哪一项国际条约。如2002年1月5日《采用国际标准管理办法》（已废止）②，以及2002年8月3日《中华人民共和国商标法实施条例》③。这两项法律文件都规定了某事项要依照我国加入的条约办理，但没有具体说明是哪一项国际条约。

二、表明条约在中国间接适用的法规、规章条款

除了法律中规定了如上根据某某条约制定本法等规定的条款之外，我国法规、规章及司法解释中也规定了表明条约在中国间接适用的条款。如表8、表9所示。

表8　表明条约在中国间接适用的法规、规章条款

1	实施国际著作权条约的规定（1992年9月30日）	第1条　为实施国际著作条约，保护外国作品著作权人的合法权益，制定本规定

① 1990年4月4日《中华人民共和国香港特别行政区基本法》第39条规定："《公民权利和政治权利国际公约》《经济、社会及文化权利的国际公约》和国际劳工公约适用于香港的有关规定继续有效，通过香港特别行政区的法律予以实施。"

② 2002年1月5日《采用国际标准管理办法》（已废止）第1条规定："为了发展社会主义市场经济、减少技术性贸易壁垒和适应国际贸易的需要，提高我国产品质量和技术水平，促进采用国际标准工作的发展，依据《中华人民共和国标准化法》及其实施条例，参照世界贸易组织和国际标准化组织的有关规定，并结合我国的实际情况，制定本办法。"

③ 2002年8月3日《中华人民共和国商标法实施条例》第12条规定："商标国际注册依照我国加入的有关国际条约办理。具体办法由国务院工商行政管理部门规定。"本条已于2014年4月29日修改。

续表

2	外国籍罪犯会见通讯规定（2003 年 1 月 1 日）	第 1 条　根据《中华人民共和国监狱法》和我国参加的有关国际公约及对外缔结的双边领事条约的有关规定，制定本规定
3	中华人民共和国船舶油污损害民事责任保险实施办法（2013 年 8 月 31 日修正）	第 1 条　为完善船舶污染事故损害赔偿机制，建立船舶油污损害民事责任保险制度，根据《中华人民共和国海洋环境保护法》《中华人民共和国海商法》《中华人民共和国防治船舶污染海洋环境管理条例》等法律、行政法规和我国缔结或者参加的有关国际条约，制定本办法
4	中华人民共和国船舶及其有关作业活动污染海洋环境防治管理规定（2017 年 5 月 23 日修正）	第 1 条　为了防治船舶及其有关作业活动污染海洋环境，根据《中华人民共和国海洋环境保护法》《中华人民共和国大气污染防治法》《中华人民共和国防治船舶污染海洋环境管理条例》和中华人民共和国缔结或者加入的国际条约，制定本规定
5	中华人民共和国船舶最低安全配员规则（2018 年 11 月 28 日修正）	第 1 条　为确保船舶的船员配备，足以保证船舶安全航行、停泊和作业，防治船舶污染环境，依据《中华人民共和国海上交通安全法》《中华人民共和国内河交通安全管理条例》和中华人民共和国缔结或者参加的有关国际条约，制定本规则
6	中华人民共和国船舶污染海洋环境应急防备和应急处置管理规定（2019 年 11 月 28 日修正）	第 1 条　为提高船舶污染事故应急处置能力，控制、减轻、消除船舶污染事故造成的海洋环境污染损害，依据《中华人民共和国防治船舶污染海洋环境管理条例》等有关法律、行政法规和中华人民共和国缔结或者加入的有关国际条约，制定本规定

三、表明条约在中国间接适用的司法解释条款

表 9　表明条约在中国间接适用的司法解释条款

1	最高人民法院关于审理船舶油污损害赔偿纠纷案件若干问题的规定（2011 年 5 月 4 日）	为正确审理船舶油污损害赔偿纠纷案件，依照《中华人民共和国民法通则》《中华人民共和国侵权责任法》《中华人民共和国海洋环境保护法》《中华人民共和国海商法》《中华人民共和国民事诉讼法》《中华人民共和国海事诉讼特别程序法》等法律法规以及中华人民共和国缔结或者参加的有关国际条约，结合审判实践，制定本规定
2	最高人民法院关于依据国际公约和双边司法协助条约办理民商事案件司法文书送达和调查取证司法协助请求的规定（2013 年 4 月 7 日）	为正确适用有关国际公约和双边司法协助条约，依法办理民商事案件司法文书送达和调查取证请求，根据《中华人民共和国民事诉讼法》《关于向国外送达民事或商事司法文书和司法外文书的公约》（海牙送达公约）、《关于从国外调取民事或商事证据的公约》（海牙取证公约）和双边民事司法协助条约的规定，结合我国的司法实践，制定本规定
3	最高人民法院关于海事法院受理案件范围的规定（2016 年 2 月 24 日）	根据《中华人民共和国民事诉讼法》《中华人民共和国海事诉讼特别程序法》《中华人民共和国行政诉讼法》以及我国缔结或者参加的有关国际条约，结合我国海事审判实际，现将海事法院受理案件的范围规定如下

上述表明条约在国内间接适用的法律、法规、规章、司法解释的条款，首先说明了条文中列举的某条约在我国得到了适用，是我国履行了条约义务的体现。另外，这些条款也说明了其在条款中所列举的条约在国内得到了间接适用，排除了条约在国内的直接适用，法院在审判案件时，关于该项条约在国内的适用问题，应该适用我国相关国内

法的规定，而不是直接援引条约。

第四节 条约在中国间接适用的立法方式及实践

一、间接适用的条约在中国的立法方式

我国缔结或参加的国际条约在国内不能直接适用时，通常情况下，为履行条约义务，我国会采取两种具体的立法方式来将条约内容转变为国内法以执行条约的内容。这两种方式是制定国内法或者修改国内法。

首先，根据中国缔结或参加的国际条约，及时制定国内法以执行该条约。举例说明，例如，中国在1980年批准了《消除对妇女一切形式歧视公约》，根据这个公约的要求，缔约国应根据本国情况制定保护妇女权益的国内法，据此，我国1992年制定了《妇女权益保障法》，国内法院对该条约的适用方式是间接适用。另外，我国的非民商事条约的适用采取的一般是间接适用的方式。例如，为适用1961年《维也纳外交关系公约》、1963年《维也纳领事关系公约》和1982年《联合国海洋法公约》，我国制定了《中华人民共和国专属经济区和大陆架法》《中华人民共和国领海及毗连区法》《中华人民共和国领事特权与豁免条例》和《中华人民共和国外交特权与豁免条例》。这些法律将有关的条约转化为国内法，并以国家的强制力保证实施。在条约的接受方式上为转化，在条约的适用方式上则为间接适用。有时是根据中国缔结或参加的国际条约修改国内法，使之与国际条约相一致。例如，我国于1985年加入《保护工业产权巴黎公约》后，对《中华人民共和国商标法》《中华人民共和国专利法》作了修改以符合公约的规定；1999年全国人

大常委会修订《中华人民共和国海洋环境保护法》使之与我国参加的《1972年伦敦倾倒公约》的规定相一致。

其次，修改国内法规定来解决国内法与条约规定不一致的情况，例如我国的《中华人民共和国著作权法》在“建筑作品”“放映权”和“合理使用”等方面修改了与《保护文学和艺术作品伯尔尼公约》不一致的规定；我国《专利法》在某些方面修改了与《保护工业产权巴黎公约》规定不一致的规定；我国《中华人民共和国民事诉讼法》在司法文书送达方面修改了与《关于向国外送达民事或商事司法文书和司法外文书公约》不一致的规定。[①] 我国在加入《关于制止非法劫持航空器的公约》后，全国人大常委会颁布了《全国人大常委会关于惩治劫持航空器犯罪分子的决定》，在该决定中，常委会新增了“劫持航空器罪”。后1997年修订的《中华人民共和国刑法》对此作了专门的规定。

我国间接适用的条约涉及的领域包括知识产权、刑法、海洋环境保护、WTO等。从上述我国间接适用立法的情况来看，我国条约间接适用所涉领域比较窄，对于什么样的条约间接适用，没有统一的标准，间接适用的立法随意性较大。

二、民商事条约在中国的间接适用

民商事条约在国内的直接适用存在较大的局限性，如前文所述，只有国内法与条约的规定不一致时，才适用条约的规定，并且民商事条约的直接适用条款都规定在涉外篇中，民商事条约在国内的适用也局限于涉外法律关系中，法院不能在不具有涉外因素的案件中直接适用条约规定，个人也只能在涉外案件中援引条约规定，这使得条约的直接适用局

① 王勇：《论国际民商事条约在中国的适用方式及其完善对策》，载《华东师范大学学报（哲学社会科学版）》2011年第6期。

限在较小的范围里，其他的案件一般援引国内法的规定，对条约的适用是间接适用。

有相当部分的民商事条约间接适用，最具有代表性的就是WTO条约所包含的民商事规范。2001年11月10日，中国成为世界贸易组织的成员国。根据《建立WTO协定》的规定各个成员国具有保证其国内法与条约相一致的义务。[①] WTO的这一规定隐含了要求各国进行一定的立法或修法工作，以与协议的规定相一致。这说明WTO协议本身就有间接适用的要求。

中国政府认为，WTO协定属于重要的国际协定，为了有效地实施该协定，中国根据WTO协定的规定修改现行的法律法规，以使国内法符合WTO协定的要求。[②] 这是中国政府对WTO协议适用的表态，即承诺对WTO协议采取立法或修改本国法的方式进行间接适用。

WTO协议在各国的实践是各不相同的。日本将WTO协议视为条约，日本的宪法规定，日本对条约的接受方式是纳入，对日本生效的条约成为日本法的一部分。日本对WTO的相关协议进行了公告，不需要采取特别的立法以执行这些协议。[③] 欧盟对WTO协议采取区分不同的事项对WTO协议采取直接适用或者间接适用。欧盟在《关于实施乌拉

---

① 《建立WTO协定》第16条第4款要求：每一成员国应保证其法律、规章和行政程序，与所附各协议的义务相一致。

② 《中国加入WTO工作组报告》第67条指出："中国代表表示，中国一贯忠实履行其国际条约义务。根据《宪法》和《缔结条约程序法》，《WTO协定》属于'重要国际协定'，需经全国人民代表大会常务委员会批准。中国将保证其有关或影响贸易的法律法规符合《WTO协定》及其承诺，以便全面履行其国际义务。为此，中国已开始实施系统修改其有关国内法的计划。因此，中国将通过修改其现行国内法和制定完全符合《WTO协定》的新法的途径，以有效和统一的方式实施《WTO协定》"。载中华人民共和国中央人民政府网：http：//www.gov.cn/gongbao/content/2002/content_63361.htm，最后访问时间：2015年10月23日。

③ 李群：《WTO协议国内适用法律问题研究》，中国知网优秀博硕士论文数据库。

圭回合协议的决定》中的有关规定，对协定的直接适用作出了否定。[①] 但在欧盟法院的司法实践中，存在个别案件直接适用协定的情况。[②] 美国将 WTO 协议作为行政协定提交国会审批，进行国内立法间接适用。德国也对 GATT 规则在国内法院不能直接适用持肯定态度。在欧盟、美国、德国等很多国家都将 WTO 协议间接适用的情况下，我国如果直接适用该协议，则容易将我国置于与其他成员国不对称、不公平的贸易关系中，对我国的贸易造成损害。如果我国直接适用协议且严格遵守义务，无法保证其他缔约国也会如此行事。这就很容易对我国的贸易造成损害。间接适用使 WTO 协议的相关内容在国内的适用有一个缓冲，有利于我国根据国际政治形势适时地作出应对。

我国对某些较为重要的多边商贸条约，采取间接适用的方式，将条约转化为国内法。比如，在加入或缔结《关于向国外送达民事或商事司法文书和司法外文书公约》和《联合国国际货物销售合同公约》这两项公约时，我国提出保留的条款内容，在之后制定国内法过程中，我国将这些保留的条款采纳进了合同法以及民事诉讼法之中，比如关于合同的缔结和司法文书的送达事项。[③] 我国加入的《保护文学和艺术作品伯尔尼公约》《保护工业产权巴黎公约》，与《中华人民共和国著作权法》《中华人民共和国民事诉讼法》在某些方面如“放映权”“合理使用”以及司法文书的送达方面存在不一致。对此，我国分别在有关国内法中

---

① 《关于实施乌拉圭回合协议的决定》规定：由其性质决定，不能认为可以在共同体或成员国法院中直接援引〈建立 WTO 协定〉及其附件。

② 欧盟法院承认在个别案件中有直接适用的例外情况，即只有在被审查的欧共体法令旨在实施一项特定的 WTO 义务，或欧共体法令明确提及 WTO 协定的特定条款时，才能在欧盟法院援用 WTO 协定主张欧共体法令无效。参见余敏友、陈卫东：《欧共体围绕 WTO 协定直接效力问题的争论及其对我国的启示（二）》，载《法学评论》2001 年第 4 期。

③ 万鄂湘、孙焕为：《论多边商贸条约在中国的适用》，载《探索研究》2001 年第 6 期。

进行了修正，达到了间接适用条约的效果。[①]

三、刑事条约在中国的间接适用

从对我国已经生效的21项国际刑事条约和27项规定有附属刑事条款的条约规定来看，一些国际刑事条约规定缔约国需要以国内立法的方式执行条约的条款。如要求缔约国采取有效的立法措施，以防止在缔约国出现公约禁止的行为。例如《关于防止和惩处侵害应受国际保护人员包括外交代表的罪行的公约》第4条规定："各缔约国应采取一切切实可行的措施，以防止在各该国领土内策划在其领土以内或以外实施公约规定的罪行。"[②]《禁止酷刑公约》也规定了缔约国应该采取措施，以预防在其国内发生实施酷刑的情况。[③] 要求缔约国将某种行为规定为犯罪，并规定惩罚措施。《改善战地武装部队伤者病者境遇之日内瓦公约》要求缔约国制定法律，对破坏或违反公约的行为实施刑事处罚。[④]

根据国际刑事条约的要求，我国执行国际刑事条约的立法主要有以下几种：

---

① 王勇：《论国际民商事条约在中国的适用方式及其完善对策》，载《华东师范大学学报》2011年第6期。

② 载中国人大网：http：//www. npc. gov. cn/wxzl/gongbao/2000－12/26/content_5001957. htm，最后访问时间：2015年11月24日。

③ 《禁止酷刑公约》第2条规定：每一缔约国应采取有效的立法、行政、司法或其他措施，防止在其管辖的任何领土内出现酷刑的行为。载联合国人权事务网：http：//www. un. org/chinese/hr/issue/catoc. htm，最后访问时间：2015年11月24日。

④ 《改善战地武装部队伤者病者境遇之日内瓦公约》第49条规定：个缔约国担任制定必要之立法，俾对于本身犯有或令人犯有下条所列之严重破坏本公约之行为之人，处以有效之刑事制裁。载联合国网站：http：//www. un. org/chinese/documents/decl－con/geneva_wounded. htm，最后访问时间：2015年11月日。

（一）以特别立法的形式履行条约义务

特别立法主要是指1981年到1995年，全国人大常委会以单行刑事法律的形式对我国缔结或加入的国际刑事条约进行了特别立法。如1981年《中华人民共和国惩治军人违反职责罪暂行条例》对日内瓦公约规定的战争罪进行了部分规定。1989年我国加入《联合国禁止非法贩运麻醉品和精神药物公约》后，1990年12月，全国人大常委会第17次会议通过了《关于禁毒的决定》，对毒品犯罪予以规定。我国于1979年、1980年和1988年加入了三个有关制止危害民用航空安全行为的国际公约，1992年全国人大常委会通过了《关于惩治劫持航空器犯罪分子的决定》，对劫持民用航空器的犯罪进行了补充规定。为了履行我国加入的国际刑事条约中规定的管辖义务，1987年6月，全国人大常委会通过了《关于对中华人民共和国缔结或者参加的国际条约所规定的罪行行使管辖权的决定》。联合国毒品与犯罪办公室在其公布的《反恐立法指导》中推荐：包含了公约所需全部要素的独立的立法方式是最快和最简单的立法方式。[①] 我国以制定单行刑事法律的形式立法虽然是为了履行条约义务而颁布实施的，但却没有包括公约所需要的全部要素。与《反恐立法指导》中对于单独立法的要求还有差距。

（二）制定新的法律法规

为履行《禁止酷刑公约》的要求，2005年8月第十届全国人大常委会第十七次会议通过了《中华人民共和国治安管理处罚法》，2006年司法部颁布了《监狱人民警察六条禁令》和《劳教人民警察六条禁

---

① United Nations Office on Drugs and Crime，Guide for the Legislative Incorporation and Implementation of Universal anti-Terrorism Instruments. 2006；6.

令》，最高人民检察院颁布了《关于渎职侵权犯罪案件立案标准的规定》。为履行《禁止化学武器公约》，1995 年中国政府颁布了《中华人民共和国监控化学品管理条例》，1996 年颁布了《各类监控化学品名录》，1997 年颁布了《〈中华人民共和国监控化学管理条例〉实施细则》，1998 年颁布了《列入第三类监控化学品的新增品种清单》。①

（三）修改、补充现行法律法规

为履行《禁止酷刑公约》的义务，我国在《宪法》中明确规定了“国家尊重和保障人权”。从禁止酷刑的角度来看，人权入宪将进一步保护刑事犯罪嫌疑人、被告人和罪犯的合法权益。有利于公约要求的落实和实现。2007 年 10 月，《律师法》修订案通过，修正案吸收了禁止酷刑委员会的建议。在这个修订案中，增加了侦查阶段律师会见、调查取证及与犯罪人交流的权利。这有利于制约司法部门在各个阶段对被告人和犯罪嫌疑人的权力，有利于防止他们受到酷刑或者不人道待遇。②

四、人权条约在中国的间接适用

中国向联合国提供的关于“人权条约如何成为国内法律体系的一部分”，以及“各项人权文件的规定是否可以为法院、行政机构引用或直接实施，或这些规定必须转变为国内法或行政条例才能由有关当局加以实施”等问题的“答复”中指出：为使国际人权条约的规定与国内法

① 《中华人民共和国政府在〈禁止化学武器公约〉第一次审议大会上提交的履约报告（2003 年 12 月 23 日）》，载外交部网站：http：//swedenembassy. fmprc. gov. cn，最后访问时间：2015 年 11 月 24 日。

② 《中国代表团团长李保东大使在禁止酷刑委员会审议中国第四、五次履约报告会议上的介绍性发言》，载外交部网站：http：//www. mfa. gov. cn，最后访问时间：2015 年 11 月 24 日。

相一致，并成为国内法律体系的一部分，根据《宪法》第 67 条第（15）项的规定，中国加入国际人权公约需要经全国人大常委会批准，公约一经批准即对中国具有法律约束力，中国即依公约规定承担相应义务，而不必再专门为此制定相应的法律将之转化为国内法。关于国际条约可能与国内法发生冲突的问题，一般而言，中国在缔结或参加国际条约时，就会考虑到条约与国内法的协调问题，不会发生原则性的冲突。在履行国际条约义务时，如果国际条约与国内法在某些具体规定上存在差异，除中国在批准或加入时声明保留的条款外，以国际条约的规定优先。这一点在一些法律法规中有明文规定。对于国际人权公约没有规定的具体的处罚规定，则援引与公约宗旨相符的国内法规定，以保障人权公约内容得以落实。①

中国的表态说明经过批准的人权条约对中国具有法律约束力，但这并不表明人权条约可在国内直接适用，因为直接适用意味着个人或组织可以援引人权条约主张权利，法院可以援引人权条约来判决案件。但实际上，中国还没有出现过直接适用人权条约的案例。“答复”虽然指出不必将人权条约转化成国内法，认为在批准条约的过程中解决了条约与国内法一致的问题，国内法不会与条约发生原则性的冲突，这说明中国对国内法与人权条约规定的一致性有信心，但对人权的日常保障方面，仍然认为依据是国内法，这是间接适用国际人权条约的意思，不必转化为国内法的表述明显与此相矛盾。中国为适用人权条约在国内法上所做的立法修法活动也表明中国对人权条约的适用是通过国内法间接适用的。下文以《儿童权利公约》《残疾人权利公约》《消除对妇女一切形式歧视公约》《禁止酷刑公约》四个人权条约为例说明国际人权条约在

① 《中国向联合国人权条约机构递交的作为国家报告组成部分的核心文件》，UN Doc. HRI/CORE/1/Add. 21/Rev. 2，第 51～52 段。

国内的间接适用。

（一）《儿童权利公约》

1990 年 12 月 29 日，中国签署了儿童权利公约，公约于 1992 年 4 月 1 日正式对中国生效。1991 年 9 月，全国人大常委会通过了《中华人民共和国未成年人保护法》，这是中国履行公约要求采取的立法措施的体现，但法律的一些规定并未完全达到公约的标准，包括禁止歧视，确保儿童的参与权使其看法得到听取和考虑，以及确保一切涉及儿童的活动均以儿童的最大利益为首要考虑等。[①] 2007 年 6 月 1 日，《中华人民共和国未成年人保护法》修订版施行，在关于该法的修订说明中，全国人大常委会明确表示，会把公约中的有关基本原则如儿童利益优先和儿童利益最大化在修改过程中予以体现。[②] 我国首次在修订法律时明确提到国际人权条约，并表示修订将按条约的要求进行。这次修订参照了《儿童权利公约》，接受了儿童权利委员会关于禁止歧视、保障儿童参与权的建议，体现了儿童最大利益原则，是对《儿童权利公约》规定的更进一步的适用。

（二）《残疾人权利公约》

《残疾人权利公约》开放签署后，中国成为首批缔约国，为落实《残疾人权利公约》的义务，中国在立法方面采取了一系列措施保证公约的履行。2008 年 4 月，中国修订《中华人民共和国残疾人保障法》，该法第 3 条第 3 款增加规定："禁止基于残疾的歧视。禁止侮辱、侵害残疾人……" 对我国而言，此次修改是在加入《残疾人权利公约》的

---

① UN Doc. /CRC/C/54, paras. 105-149; CRC/C/153, paras, 282~402.

② 2006 年 8 月 22 日在第十届全国人民代表大会常务委员会第二十三次会议上关于《中华人民共和国未成年人保护法（修订草案）》的说明。

推动下进行的，说明我国对《残疾人权利公约》采取的适用方式是间接适用。

（三）《消除对妇女一切形式歧视公约》

1980年中国签署了《消除对妇女一切形式歧视公约》，为实施该项公约，1992年我国颁布了《妇女权益保障法》，但该法以及其他涉及妇女权利的立法同公约所确立的标准还有很大的差距，消除对妇女歧视委员会在审议中国的第三次、第四次国家报告时指出："中国政府执行公约的方式明显偏向保护妇女而不是增强妇女能力。在妇女保健领域，工作的重点是妇幼保健，且仅局限于妇女的生育功能方面；劳动就业方面的法律和条例也过分强调保护妇女。"①委员会建议中国制定打击针对妇女的暴力，特别是家庭暴力的专门法律。② 针对以上建议，中国2001年修订的《中华人民共和国婚姻法》在禁止家庭暴力、夫妻财产和家庭成员关系等领域作了新的规定。2005年中国对《中华人民共和国妇女权益保障法》作了全面修订，修订后的《中华人民共和国妇女权益保障法》强调男女平等是国家的基本国策。增加了逐步提高全国人民代表大会和地方各级人民代表大会的妇女代表的比例的规定，这条规定与消除对妇女歧视委员会关于中国应采取公约第4条第1款规定的暂行特别措施，提高妇女参政能力的建议相呼应。修订版明确规定"禁止对妇女实施性骚扰。受害妇女有权向单位和有关机关投诉"。这一规定是应委员会关于中国政府治理性骚扰问题，向所在工作单位遭受性骚扰的妇女提供法律补救措施的要求而制定的。

---

① UN Doc. A/54/38, para. 280.

② UN Doc. A/54/38, para. 286.

（四）《禁止酷刑公约》

1988年中国加入了《禁止酷刑公约》，禁止酷刑委员会建议被拘留者和被逮捕者的权利能够得到及时、广泛的保障；对被指控犯有酷刑的人能够启动刑事诉讼程序。[①] 1996年中国修订了《中华人民共和国刑事诉讼法》，对被告人、犯罪嫌疑人的权利给予了更多保护，包括及时会见辩护律师、无罪推定等。1997修订了《中华人民共和国刑法》，新设了关于酷刑的犯罪，包括非法拘禁罪、非法搜查罪、刑讯逼供罪、暴力取证罪、虐待被监管人罪、报复陷害罪等。2012年《中华人民共和国刑事诉讼法》修改，明确、完善了非法证据排除制度，在严禁刑讯逼供的基础上，增加了不得强迫任何人证实自己有罪的规定，进一步加强了对证人、鉴定人、被害人的保护。这些修订使得中国的国内法更加符合《禁止酷刑公约》，中国为惩治酷刑行为而做的努力得到了禁止酷刑委员会的认可。

第五节　条约在中国的适用方式存在的问题

一、中国现行宪法缺少条约适用的相关规定

条约是法律的渊源已经得到了国内外学者的肯定。《维也纳条约法公约》规定："承认条约为国际法渊源之一，且为各国间不分宪法及社

① UN Doc. A/48/44, paras. 427～428.

会发展和平合作之工具……"[①] 我国于1997年加入《维也纳条约法公约》，且未对此条规定作出保留，说明我国从事实上也已经承认了条约作为我国法律的渊源之一。但我国宪法及宪法性文件未赋予条约法律渊源的地位。宪法作为根本大法规定国家中最重要最根本的问题，在法律体系中处于首要的地位。在全球一体化的大背景下，我国加入的条约数量不断增加，承担国际责任，履行条约义务的要求逐渐在提高，条约的地位、适用方式等问题，完全可以归为国家最重要的问题之一。

我国《宪法》第67条、第81条、第89条也对条约的程序和职权进行了规定。[②]《宪法》规定了全国人民代表大会常务委员会、国家主席、国务院在条约的缔结、批准、废除等方面的职责及权限。《宪法》除在程序和职权方面对条约的缔结、批准、废除等有所涉及，没有对条约的接受和适用问题作出规定。虽然在司法实践中可以推断出我国是以纳入方式接受条约，采取直接适用和间接适用相结合的条约适用方式，但这种推论是不能与宪法规定相提并论的。况且在某一领域的实践能否直接推导出适用全部领域的条约接受和适用，也是有疑问的。

宪法规定的缺失，使条约在我国的法律体系中法律位阶不明确。法律位阶是指每一项规范性法律文本在法律体系中的纵向等级。按照我国宪法和立法法规定的立法体制，我国的法律位阶从高到低依次是：根本法律、基本法律、一般法律、行政法规、地方性法规、规章。明确条约

① Vienna Convention on the Law of Treaties，载 https：//treaties. un. org/doc/Publication/UNTS/Volume%201155/volume-1155-I-18232-English. pdf，2015年1月13日访问。

② 《中华人民共和国宪法》第67条规定："全国人民代表大会常务委员会行使下列职权：……（十五）决定同外国缔结的条约和重要协定的批准和废除；……（十九）在全国人民代表大会闭会期间，如果遇到国家遭受武装侵犯或者必须履行国际间共同防止侵略的条约的情况，决定战争状态的宣布；……"第81条规定："中华人民共和国主席代表中华人民共和国，进行国事活动，接受外国使节；根据全国人民代表大会常务委员会的决定，派遣和召回驻外全权代表，批准和废除同外国缔结的条约和重要协定。"第89条规定："国务院行使下列职权：……（九）管理对外事务，同外国缔结条约和协定……"

所处的位级对条约的适用至关重要。当条约与不同层级的法律规定发生冲突时，按照法律位阶规则，下位法要服从上位法，所有的法都必须服从最高位阶的法——宪法，而宪法关于条约的法律位阶问题的规定是空白的。这导致在造成冲突时，无法判断或者无法找到直接法律依据来判断条约和与其发生冲突的国内法谁是上位法，谁是下位法。此外，就世界范围而言，多数国家都已在宪法中对条约的适用问题作出了规定，我国宪法未对此予以规定，也与目前的国际潮流不符，在条约问题上未充分发挥宪法作为根本大法的作用，这也是条约适用问题的根本原因所在。

二、条约在中国直接适用的国内法依据存在的问题

1. 条约直接适用的重要规定方式是当国内法与条约规定出现不一致时，适用条约的规定。这种规定方式，在实践中，当国内法与条约的规定一致时，则应该适用国内法。条约的适用被限定在一个前提之下——条约与国内法不一致，这将大大减少条约适用的几率，这种规定方式实际解决的是国内法与条约发生冲突时何者优先的问题。

2. 这一类条款都规定在涉外篇或者附则中，在涉外篇中规定的条款不适用于当事人都是国内主体的情况，这种条约适用方式，会产生涉外案件可以援引条约，而本国公民之间的案件不能援引条约的情况。在附则中规定的条款则多是补充性规定，这必将把条约直接适用的数量和范围限制在一个很小的范围里。

3. 在选择性直接适用条款中，这一类规定，将条约、国内法、其他原则置于同样的地位，可以选择适用其中任何的一个，这种方式给了条约适用主体以极大的能动性，可根据自身的需要选择更有利的规则。在国内法与条约对同一问题都有规定的情况下，国内法院多选择国内法

来审判案件，这与条约适用难度、国内法官的素质、法律适用的习惯等都有关系。有的法律规定“根据条约或者平等互惠原则”。平等互惠原则是蕴含一国主权与尊严的一项原则，在条约与该原则之间的选择，更多的是一种政治权衡。其最终是否会导向条约的适用，存在诸多的不确定因素。基于以上分析，这一类规定是不利于条约在国内的适用的。

4. 直接在法律条文中规定关于某一事项按照条约规定办理，这样的规定方式，规定指向明确具体，有利于条约的直接适用，但关于某一事项进行规定的这种方式，范围较窄，对条约的直接适用有较大的局限性。

5. 在行政法规、地方性法规、部门规章对条约作出直接适用的规定，这一类的规定数量较多，对于条约的适用有针对性。但也因为数量较大，增加了法律执法的难度。另外，在法律位阶相对较低的行政法规、地方性法规、部门规章中来对加入的条约作出适用的规定，还可能造成立法资源的浪费。法规、规章对条约适用再次作出规定也可能产生与其上位法不一致的情况，造成实践结果的不一致。

6. 法院根据司法解释直接援引条约作为审判依据，这种方式解决了法律没有直接规定的弊端，有利于指导法院的审判实践，但是同时也存在一些问题。

首先，司法解释解决条约适用方式只能一事一议，对缔结或加入的条约逐个立法的方式较为浪费司法资源，面对数量庞大的条约，用司法解释解决条约的适用方式显然不太现实。

其次，司法解释解决条约适用方式的问题，可能造成司法解释的大量使用。司法解释数量的增长，也可能使得国内法体系冗长累赘，增加司法难度。

三、中国法院直接适用条约存在的问题

条约在我国直接适用的情况以及法院直接适用条约的案例所表现的特征说明我国直接适用条约存在以下问题：

（一）没有确立典型的直接适用模式

当条约与国内法规定不一致时，适用条约的规定的这样的立法模式，直接适用条约只是发生在条约规定与国内法相冲突的情况下，这种条款在法律适用方式方面包含以下两种情况：第一，这是解决条约与国内法冲突的条款，当条约与国内法发生冲突时，优先适用条约的规定，确立了条约直接适用的模式。第二，当我国缔结或参加的条约与国内法规定相一致的时候，适用国内法，在条约适用方式上实际上奉行的是间接适用的模式。这种立法模式可以推导出：当国内法与条约规定不一致时，适用条约的规定。但是，国内法与条约规定是否一致由谁来判断，判断的规则是什么，法律都没有规定。另外，该条约是指哪一项条约，当国内法规定与该项条约不一致时，该项条约本身是否能够直接适用，如若不然，这一看似直接适用模式的条款，最终的适用效果仍然并非直接适用。

而选择性适用条约的规定，适用条约或国内法的规定或其他规则这样的立法模式，条约的直接适用权只是具有选择性而已，并不一定最终指向条约的适用，当可在国内法与条约之间选择时，相较于适用条约的难度，适用国内法更加便捷、稳妥，法院往往更加愿意选择适用国内法。

（二）直接适用条约局限于涉外法律关系中

我国关于条约适用条款大多规定在涉外篇中，在司法实践中，条约仅在涉外法律关系中适用。这表明，只要诉讼当事人中没有外国自然人或法人，就不能适用条约。我国国内法院的司法实践和最高人民法院的关于条约适用的司法解释都表明了这一点。① 当案件不具有涉外的性质时，当事人不能够援引条约的规定来主张权利义务，法院也不能在审判国内案件中援引条约的规定。这将导致以下后果：

首先，相同或相似的案件可能因是否具有涉外因素而得到不同的法律后果。在涉外法律关系中，适用条约的相关规定，在国内法律关系中适用国内法的规定。适用不同的法律，导致有差异性的法律后果。

其次，影响条约义务的实现。如上述，我国公民在非涉外案件只能援引国内法律来主张权利，当国内法与条约规定不一致时，也只能按照国内法的规定来实施，这种差异化处理，会在一定程度上影响条约义务的实现。

（三）立法司法实践不一致

首先，体现在法律规定的不一致，因为我国关于条约的适用并没有宪法的规定，条约优先也是根据现有的某些法律制度总结出的一个大致的条约适用规则，当然也有法律规定某事项适用国内法的规定。在我国的法律位阶体系中，法律的位阶要高于司法解释的位阶，但立法实践中存在对于条约的适用出现不同位阶的法律规定不一致的情况。

其次，司法实践的不一致。法院在审理涉及适用条约的案子时，如

---

① 万鄂湘、孙焕为：《多边商贸条约在中国的适用（一）》，载《中国对外贸易》2001年第6期。

果没有条约适用的法律规定，那么法院不适用条约的规定，在现有法律体系下，似乎也无不当之处。可见在没有明确规定的情况下，法院是否适用国际条约具有不确定性，在这种情况下，相同或类似的案件可能会产生不同的审判依据和审判结果。

四、条约在中国间接适用存在的问题

首先，条约间接适用应是条约适用的主要的方式，但明确地确定某项条约在我国是间接适用的法律规定数量不是很多，如上文所列举，只有少量的法律、法规、规章或司法解释在行文的开头列举了根据某某条约制定本规定或本办法。除此之外，实践中，间接适用的条约还有很多，比如，我国加入的人权条约在我国都是间接适用的，这些人权条约在具体的法律条文中并没有被提到。根据直接适用条约的特征及案例，可以看出，在国内适用条约的主要的方式应是间接适用。例如，关于条约与国内规定不一致时，适用条约这一规定本身就可以看出，条约在国内的直接适用是一种补缺或者对原有法律进行修正的作用。适用国内法的规定才是国内法院正常程序和审判惯用的。因而，在法律规定尤其是宪法规定中没有对条约间接适用作出规定，不符合间接适用在条约适用中的重要地位。

其次，有明确规定的条约的间接适用所涉的领域较为有限，主要集中在 WTO、海洋环境保护、人权、刑法、知识产权等领域。

再次，条约的直接适用只有在法律法规有明确规定的情况下，才能够直接适用。条约的间接适用则分为两种情况，一种是只有在我国根据条约的规定另行立法的情况下才能间接适用。如果条约在我国已经生效，但没有根据条约的规定进行专门的立法，法院审判案件时以有关的国内法为依据，对条约的适用也应该是间接适用，在这种情况下，间接适用的边界和界定的标准就不够清晰。

最后，法律规定与司法实践不一致。最具有代表性的就是关于WTO协议的适用。根据最高人民法院的司法解释关于国际贸易行政案件、反补贴行政案件、反倾销行政案件的规定，WTO协定在国内是间接适用的。中国加入WTO之后，对国内法进行了规模巨大的整理和修改，历经两年多的时间，共修订法律文件210件，废止法律文件559件，确定保留法律文件450件。[①]这些立法和修法活动为WTO在国内的间接适用奠定了基础。

在实践中，根据《保护工业产权巴黎公约》即Trips协定提起的关于知识产权保护的案件，不同法院的适用方式不尽相同。有的法官根据Trips协定进行推理，以解释我国的法律；有的法官认为中国法律没有规定，因而拒绝适用Trips协定，也有法官选择直接适用Trips协定具体规定得出了判决的结论。[②]

---

① 黄志瑾：《经济全球化与中国转型发展——暨纪念中国加入WTO十周年研讨会综述》，载《世界贸易组织动态与研究》2011年第5期。

② 吴迪：《WTO规则在中国法院间接适用理论与司法实践评析》，载《世界贸易组织动态与研究》2012年第3期。

第六章　条约适用方式评析及对中国的启示

第一节　世界各国宪法对条约适用规定的分析

一、条约接受方式评析及对条约适用方式的影响

（一）关于条约接受方式的总结分析

将条约分为接受和适用两个阶段，是在学术上为区分和论证这一从国际法到国内法再到国内适用的过程而进行的细分。各国并没有严格根据这两个概念进行实践，而是往往将这两个环节规定在同一法律条文里，条约的接受与适用方式是息息相关的，宪法对条约接受和适用的规定具有根本的指导作用，要对世界各国对条约接受和适用的规定进行概括，较为简便的方法是考察各国成文宪法或宪法性法律的相关规定。① 本书对以成文宪法或宪法性法律接受和适用条约的国家的宪法规定进行

① 在成文宪法国家，宪法性法律本指由普通立法机关为实施宪法而制定的宪法性法律，具体包括组织法、选举法、代表法、立法法等。它的效力低于宪法，但仍属于宪法的范畴。（秦前红：《新宪法学》，武汉大学出版社2005年版，第57~58页。）但在这里特指一国关于条约的缔结、签署、批准和遵守的法律。例如1989年的《安提瓜和巴布达条约批准法》，1990年的《尼泊尔条约法》，1991年的《白俄罗斯国际条约法》，1992年的《亚美尼亚国际条约缔结、遵守与问责法》，1992年的《摩尔多瓦国际条约公约》和《协定缔结、适用、批准和问责程序法》，1993年的《乌克兰国际条约法》，1995年的《阿塞拜疆国际条约缔结、遵守与问责程序法》，1995年的《俄罗斯国际条约法》，1995年的《哈萨克斯坦国际条约缔结、遵守与问责程序法令》，1995年的《土库曼斯坦国际条约缔结、遵守与问责程序法》，1995年的《乌兹别克斯坦国际条约法》，1997年的《格鲁吉亚国际条约法》，1999年的《吉尔吉斯斯坦国际条约法》，1999年的《塔吉克斯坦国际条约法》，2005年的《越南条约缔结、加入与履行法》，2009年的《老挝国际条约订立、参与和履行法令》。

了总结归纳。如上文所述，条约在国内的实施，应该包含三个层次的问题：（1）条约的接受方式问题，即条约是否可以直接并入无须转化立法，而成为国内法律体系的一部分。（2）条约的适用方式问题，即条约是否能够在国内直接适用，又称为条约的适用方式问题。（3）条约的冲突解决问题。即条约与国内法发生冲突时，何者优先。① 简单概括为：条约的接受方式问题、条约的适用方式问题和条约的冲突规则。有的国家宪法对这三个问题都作出了规定，有的国家则只对其中一到两项作出了规定。

第一，整体纳入。这是指笼统地规定条约或国际协议在国际上对国家生效的行为完成后，它就在国内获得法律地位。这类国家有俄罗斯、法国、波兰、埃塞俄比亚等。

第二，整体转化。这是指规定所有的条约或国际协议必须在使条约在国际上对国家生效的行为完成之外另行完成必要的国内程序后，才能在国内获得法律地位。如《爱尔兰宪法》第 29 条规定：凡我国参加国际协定，均须提交众议院审议。除可能经议会决定之外，国际协定不得成为国内法的一部分。② 这类国家有爱尔兰、瑙鲁等。

第三，部分纳入。这是指明确规定只有某些领域或类型的条约在国际上对国家生效的行为完成后就在国内获得法律地位。这类国家有哥伦比亚、斯里兰卡等。

第四，混合接受。这是指明确规定视条约的不同类型来决定其是否需要在对国家生效的行为之外另行完成必要的国内程序才能在国内获得法律地位。在这样的宪法规定下，有的条约是直接获得国内法的地位，而有的条约则是转化成国内法后获得国内法的地位。这类国家有奥地

① 王铁崖：《国际法引论》，北京大学出版社 1998 年版，第 198 页。

② Constitution of Ireland，载 http：//heinonline. org/HOL/cowdocs？ state = &tfile = ie_1937_2015_34th. pdf，最后访问时间：2015 年 5 月 15 日。

利、老挝等。

在成文宪法国家之外，英国虽然没有成文宪法，但其在条约的国内地位方面存在较为明确一致的惯例、实践和规定。正如辛克莱尔（Sinclair）指出的，英国缔结的条约条款不会自动成为英国法的一部分。如果在英国有效的法律（无论制定法抑或普通法）不能使英国履行其意图加入的条约下的义务，必要的立法将会在英国表示受条约拘束之前制定。如果在加入某项特定条约之后发现无法履行该条约下的义务，必要的步骤会立即采取以使英国法与该条约相一致。① 特姆普雷曼（Templeman）也指出，英国的不成文宪法要求议会在条约能够对法院有效之前立法以使条约转化为英国国内法。② 而从司法判例来看，以转化方式接受条约的原则形成于比利时国会号案（the Parlement Belge）案，并在加拿大总检察长案（Attorney-general for Canada v. Attorney-general for Ontario）中得到清晰的阐述：在大英帝国范围内，制定条约是行政行为，若履行条约义务将会改变现行英国法律则需要立法行为。若行政机关想使英国承担一项将会改变国内法规则的条约义务，那么他们首先必须征得议会的同意并由议会制定必要的法律。③

除去上述国家之外的国家则不存在明确的关于条约的国内法律地位的宪法规定。这种做法是合乎国际法的。因为一般国际法并未涉及一国履行其国际义务的方法，只要能够实现履约目的，不仅国际法的转化或纳入都是可以接受的方式，一国也不必确立任何一般性的恒常程序来确

① See Ian Sinclair, National Treaty Law and Practice: Dedicated to the Memory of Monroe Leigh, Martinus Nijhoff, 2005: 742.

② See Stefan A. Riesenfeld and Frederick M. Abbott, Parliamentary Participation in the Making and Operation of Treaties, Martinus Nijhoff, 1994: 4.

③ See C. H. Schreuer, The Interpretation of Treaties by Domestic Courts, British Yearbook of International Law, 1971 (45): 256～257.

保其国内秩序符合国际法。[①] 周鲠生先生对此作了明确的概括。国家可以每次就具体事项采取立法措施，或是制定新法规，或是修改现行法规；国家亦可以一次订出一个原则性的条文，规定执行一切公认的国际法规范；而在通常国内法未有明文规定的场合，也可以作为惯例或根据国家政策，认为某项公认的国际法规范当然应该遵守，而国家机关予以执行。[②]

不过，对这些没有明确规定条约在国内接受方式的国家，我们仍可以通过其惯常的司法实践或一般的学说意见识别出它们在总体上是采取转化或纳入方式赋予条约在国内法律地位的。采取纳入方式的有阿富汗、阿联酋、埃及、巴拿马、巴西、比利时、玻利维亚、布隆迪、德国、厄立特里亚、菲律宾、古巴、加蓬、柬埔寨、拉脱维亚、黎巴嫩、利比亚、列支敦士登、卢森堡、马达加斯加、密克罗尼西亚联邦、摩洛哥、摩尔多瓦、尼加拉瓜、帕劳、日本、瑞士、塞拉利昂、苏里南、瓦努阿图、乌拉圭、乌兹别克斯坦、叙利亚、伊朗、智利；采取转化方式的有：澳大利亚、巴巴多斯、巴哈马、巴基斯坦、冰岛、伯利兹、博茨瓦纳、丹麦、多米尼克、斐济、芬兰、冈比亚、圭亚那、基里巴斯、加纳、加拿大、莱索托、马耳他、马来西亚、毛里求斯、孟加拉国、缅甸、尼日利亚、挪威、瑞典、圣基茨和尼维斯、圣文森特和格林纳丁斯、泰国、坦桑尼亚、特立尼达和多巴哥、乌干达、新加坡、新西兰、匈牙利、牙买加、以色列、意大利、印度、印度尼西亚、赞比亚。无法明确识别出的则有朝鲜、赤道几内亚、格林纳达、几内亚比绍、摩纳哥、萨摩亚、塞舌尔、沙特阿拉伯、圣卢西亚、所罗门群岛、汤加、图

---

① See Ignaz Seidl - Hohenveldern, Transformation or Adoption of International Law Into Municipal Law, The International and Comparatively Law Quarterly, 1963 (12): 90.

② 参见周鲠生：《国际法》，武汉大学出版社 2007 年版，第 18 页。

瓦卢、文莱、也门、伊拉克、约旦等国家。

通过上述各国对条约接受的不同实践的概括，我们可以得出如下三个结论。

首先，在宪法或宪法性法律中明确规定条约在国内的接受和适用问题并不是占绝对多数的普遍做法。判断不同国家履约意愿高低的标准主要不在于是否在宪法中以明文规定条约的国内法地位。在宪法中明确条约的国内法律地位往往并不是履约意愿的反映，而是国内中央与地方权力、立法机关与行政机关缔约权差异配置的结果。

其次，通过纳入方式赋予条约国内法律地位是国际社会多数国家的共同做法，但这并不说明通过转化方式赋予条约国内法律地位不具有代表性，毕竟明确采取这一方式的有四十六个国家，而且并不限于所谓的英联邦国家，如冰岛、泰国、芬兰。

最后，在一国采取何种方式赋予条约国内法律地位的问题上，转化与纳入并不是相互排斥的做法，所谓“不管是纳入还是转化的接受模式，其都应具有单一性和长久性的特点”“一国只能选择其一作为采取何种模式接受条约在国内具有法律效力的表示而不能两者兼而有之”的观点并不符合事实。[①] 奥地利、巴林、卡塔尔、科威特、南非、斯威士兰、老挝兼采转化与纳入两种方式混合接受条约的实践证明这两种方式是可以兼容共存的。关于怎样给予条约以国内法上的效力问题，奥斯特（Aust）的观察可能是最符合实际的。“在这个问题上，各国宪法的实践组成了一个宽广的序列。在它的一端是英国，它可能代表最纯粹的二元论形式。而另一端可能是瑞士，它或许代表达的一元论形式。在这两个

① 万鄂湘主编：《国际法与国内法关系研究》，北京大学出版社2011年版，第463～464页。

极端之间，有许多不同程度的变化形式”。[①]

（二）条约接受方式对条约适用方式的影响

条约接受方式的规定，对条约适用方式具有直接的影响。第一类采整体纳入的国家，条约适用方式上多采取区分直接适用和间接适用的方式，即在国内根据一定的标准将条约进行区分后，有的条约实行直接适用，有的条约实行间接适用。第二类采整体转化的国家，条约经过转化为国内法获得在国内的适用，条约的适用方式是间接适用。第三类采部分纳入的国家，只有某些领域或类型的条约在国际上对国家生效的行为完成后才能在国内获得国内法的地位，这些领域和类型的条约在国内区分直接适用或间接适用。而这些领域或类型之外的条约在这些国家中不直接取得国内法地位，其获得国内法地位的方式及适用的方式处于缺乏规定或规定不明的状态。第四类混合接受的国家，明确规定视条约的不同类型来决定其是否需要在对国家生效的行为之外另行完成必要的国内程序才能在国内获得法律地位。在这样的宪法规定下，有的条约是直接获得国内法的地位，条约在国内的适用方式可能是直接适用也可能是间接适用。而有的条约则是转化成国内法后获得国内法的地位。需要通过国内立法的方式进行转化，从而在适用方式上采取间接适用的方式。可见，不同的条约接受方式对条约的适用方式有较大的影响，要想确定国内条约的适用方式，首先要研究该国是如何接受条约的。

二、条约适用方式评析

宪法对条约的适用方式作出规定，概括地规定条约可以直接适用，

---

① ［英］安托尼·奥斯特：《现代条约法与实践》，江国青译，中国人民大学出版社 2005 年版，第 143 页。

也有的国家规定了条约直接适用的条件或者例外情况。如2006年《塞尔维亚共和国宪法》第16条规定：普遍接受的国际法准则以及获得批准的国际条约应当成为塞尔维亚共和国法律制度的一部分，并且应当直接适用。获得批准的国际条约必须与宪法相一致。[①] 塞尔维亚的宪法，规定所有条约都应当直接适用，而不区分例外情况。2006年《斯洛文尼亚共和国宪法》第8条规定：法律和法规必须符合普遍接受的国际法原则，符合对斯洛文尼亚有约束力的条约。已获批准且已公布的条约应当直接适用。[②] 已经批准且公布的条约应当直接适用，说明将条约视为法律的渊源。获得批准的条约要在国内直接适用以条约已经公布为条件。

规定条约直接适用例外情况的，如1997年《波兰共和国宪法》第91条：经波兰共和国法律公布后，已批准的国际协议应构成国内法律秩序的一部分且应得以直接适用，除非该协议的适用依赖于法律的颁布。若经法律事先同意批准的国际协议与该法律的规定相冲突，则该协议的效力优于法律。[③]

这一规定在条约接受方式上将条约视为国内法律的一部分。条约可以直接适用，并规定了条约可直接适用的例外，即"该协议的适用依赖于法律的颁布"，条约适用依赖于法律的颁布有以下情形：（1）出于履行国际法义务的需要，必须对某些国际法规则进行间接适用，由于条约规定事项复杂，各国情况差异大，明确标准的订立难度大，很多条约表述相对模糊，因此，一些条约要求缔约国修改国内法以执行条约的规

---

① Constitution of the Republic of Serbia，载 http：//heinonline. org/HOL/Page? handle = hein. cow/zzcs0001&collection = cow，最后访问时间：2015年5月16日。

② Constitution of the Republic of Macedonia，载 http：//heinonline. org/HOL/Page? handle = hein. cow/zzmk0007&collection = cow，最后访问时间：2015年4月12日。

③ Constitution of the Republic of Poland，载 http：//heinonline. org/HOL/Page? handle = hein. cow/zzpl0009&collection = cow，最后访问时间：2015年5月15日。

定。在这种情况下，缔约国制定国内法来适用条约是承担条约义务的要求。（2）条约自身的特点使得国家需要将其转化成国内法间接适用。有些条约的规定是大纲性的不够详细和具体，需要以立法进行详细的规定作为补充；政治性的条约如同盟互助条约，此类条约规定的权利义务一般只涉及缔约国政府，而要将条约的效力扩及自然人和法人，就需要另行立法。波兰宪法规定条约应直接适用同时又规定了条约直接适用的例外，使条约是否可直接适用问题明确而清晰，涵盖了条约适用方式问题的各种情况。

有些国家规定了条约冲突规则。规定条约与国内法发生冲突时，适用国际条约的规定，如1992年《爱沙尼亚共和国宪法》第123条规定：爱沙尼亚共和国不签订与宪法相违背的国家间条约，爱沙尼亚共和国的法律与所加入之国际公约规定不一致时，适用国际公约的规定。[①] 当国内法规定与条约规定不一致时，适用条约的规定，这样的冲突规则本身体现出，在条约与国内法不一致时，条约的适用方式是直接适用。在条约与国内法一致的情况下，条约的适用是间接适用。

通过上述各国对条约适用的不同实践的概括，我们可以做出如下四点总结。

第一，宪法或宪法性文件中对条约适用方式作出规定的国家，多是对于条约的直接适用的规定。规定条约直接适用的国家，无论其是否在行文中有关于条约在国内的国内法地位的表述，都可推定为该国承认条约在国内具有国内法的地位。因为只有该国承认条约的国内法地位，才能在国内直接适用条约，事实上，大多规定条约可在国内直接适用的国家，都首先承认了条约的国内法地位。即将条约以纳入的方式接受国内

① Constitution of the Republic of Estonia，载 http：//heinonline.org/HOL/Page？handle=hein cow/zzee0018&collection=cow，最后访问时间：2015年4月23日。

法体系中。鲜有国家在宪法中规定条约的间接适用。在宪法中规定条约采转化方式接受的国家，认为条约不是国内法的一部分，需要先经过议会的立法才能够进入国内法体系中，经过转化的条约在国内的适用方式自然是间接适用。

第二，对于条约在国内的实施所涉及的三个方面的问题，各国宪法往往并不是全面规定的，具体的规定方式可分为以下几种：

（1）对条约的接受方式、条约的适用方式及条约的冲突规则均作出规定。宪法对条约的接受问题、条约的可直接适用性及条约的冲突规则均作出规定，是明确条约适用问题，指导条约在国内适用的最为有效和彻底的一种规定方式。

（2）对条约的接受问题、条约的可直接适用性作出规定。规定条约是国内法的一部分，并应在国内直接适用，对条约与国内法发生冲突时应该如何解决没有规定。

（3）对条约的接受问题、冲突规则作出规定。有些国家通过宪法对条约的接受问题和冲突规则作出规定，没有规定条约是否可以直接适用。这种规定方式是规定以纳入的方式接受条约，有效缔结的条约自动成为该国国内法的一部分。即只规定了条约的接受方式，而没有规定条约的适用方式。[①] 条约采纳入的接受方式进入一国国内法领域后，可能直接适用也可能制定国内法适用条约，即间接适用条约。如《美国宪法》第 6 条第 2 款规定：本宪法及依照本宪法所制定之合众国法律以及根据合众国权力所缔结或将缔结的一切条约，均为全国的最高法律；即使与任何一州的宪法或法律相抵触，各州的法官仍应遵守。任何一州宪

① 李兆杰：《条约在我国国内法效力若干问题之探讨》，中国对外翻译出版公司 1994 年版，第 271 页。

法或法律中的任何内容与之抵触时，均不得有违这一规定。[①] 美国采取将条约纳入国内法之后，再区分自动执行条约（直接适用）和非自动执行条约（间接适用）的方式适用条约。

对条约适用方式不作具体规定，而是将条约纳入国内法范畴之后再确定是否直接适用，规定单一的条约适用方式，不能适应条约种类和情况的复杂多样，这种规定方式，使得国家在是否直接适用条约的问题上不一概而论，有利于在条约适用方式上掌握主动性。没有对条约适用方式作出规定，对于条约直接适用还是间接适用再进行区分，区分的依据和标准仍是一个需深入探讨的课题。

（4）只对条约的接受问题作出规定。只规定了条约是国内法的一部分，如 2011 年《马其顿共和国宪法》第 118 条规定：依宪法批准的国际条约是国内法律体系的组成部分，不得通过法律予以变更。[②] 规定条约是国内法的一部分，使条约从国际法领域进入到国内法领域。对于条约是否可以在国内直接适用，以及当国内法与条约的内容发生冲突时如何解决没有做出安排。

（5）只对条约的可直接适用性作出规定。

（6）只对条约的冲突规则作出规定。

（7）也有的国家未在宪法中对条约执行的三个问题作出规定。比如 1947 年《意大利共和国宪法》只是规定了：意大利的法律制度与公认的国际法规范保持一致。[③] 2004 年《白俄罗斯共和国宪法》第 8 条规

---

① Constitution of the United States of America，载 http：//heinonline. org/HOL/Page? collection=cow&handle=hein. usreports/constiusa0010&country_code=US&id=1，最后访问时间：2015 年 4 月 3 日。

② Constitution of the Republic of Macedonia，载 http：//heinonline. org/HOL/Page? handle=hein. cow/zzmk0007&collection=cow，最后访问时间：2015 年 4 月 12 日。

③ Constitution of the Italian Republic，载 http：//heinonline. org/HOL/Page? handle=hein. cow/zzit0013&collection=cow，最后访问时间：2015 年 4 月 29 日。

定：不允许签订与宪法相抵触的国际条约。① 1993 年《安道尔宪法》第 3 条第 4 款规定：条约和国际协定在其公布于安道尔公国官报时起发生法律效力，且非经法律不得修改或撤销。② 没有做出规定的还有 1937 年《爱尔兰宪法》，2012 年《比利时宪法》，1999 年《冰岛共和国宪法》，1953 年丹麦王国宪法，2009 年拉脱维亚共和国宪法，1974 年《马耳他宪法》，2007 年《挪威王国宪法》等。

第三，在宪法中对于条约的接受和适用作出规定，有利于对国内的实践作出明确的指导和规制。宪法对于该问题规定的越明确越有利于减少实践中的空白和模糊之处。以上宪法对条约的接受和适用规定中我们可以看出，在宪法中规定条约的接受方式，规定条约是国内法体系的一部分，从而将条约纳入国内法之中来。在宪法中规定条约是否可以直接适用，是对条约适用方式的规定，有利于明确纳入进国内法的条约，是否可以在法院审判中被援引。规定条约冲突解决规则的，有利于判断条约在国内的法律位阶的问题，当条约与国内法规定发生不一致时可以根据宪法的这一规定，明确地作出选择。

第四，综合以上宪法对条约接受和适用的规定，在纳入式接受条约的国家中，对条约接受和适用规定地最为完善、明确的是将条约国内实施涉及的三个方面都作出了规定，以波兰为代表。1997 年《波兰共和国宪法》第 91 条：经波兰共和国法律公布后，已批准的国际协议应构成国内法律秩序的一部分且应得以直接适用，除非该协议的适用依赖于法律的颁布。若经法律事先同意批准的国际协议与该法律的规定相冲

① Constitution of the Republic of Belarus，载 http：//heinonline. org/HOL/Page? handle = hein. cow/zzby0002&collection = cow，最后访问时间：2015 年 4 月 30 日。

② Constitution of the Principality of Andorra，载 http：//heinonline. org/HOL/Page? handle = hein. cow/zzad0001&collection = cow，最后访问时间：2015 年 4 月 24 日。

突，则该协议的效力优于法律。[①] 规定条约构成国内法的一部分，并且应该直接适用，这对于条约在国内的适用有重要的指导意义，波兰宪法同时规定当“条约适用依赖于法律的颁布”时，排除对条约的直接适用。即在这种情况下应根据条约制定国内法，从而间接适用条约。波兰宪法对冲突规则也作出明确规定，即条约与国内法发生冲突时，适用条约的规定。波兰宪法将条约在国内适用的三方面问题都作了详尽而妥善的规定，有利于条约在国内适用，波兰的这一规定考虑到了条约执行可能会涉及的方方面面，具有极好的参考和指导价值。作出类似规定的还有 2008 年《阿尔巴尼亚共和国宪法》等。

第二节　条约适用方式的比较与选择依据

一、条约直接适用与间接适用优劣势分析

（一）条约直接适用的优劣势分析

世界上多数国家选择在国内对条约采取直接适用，未在宪法中对条约适用作出直接适用规定的国家并非就是采取间接适用条约的方式适用条约，很多国家也通过国内法律、判例、司法解释等来规定条约的直接适用。这与直接适用方式本身的优势有关。

（1）直接适用有益于国内法与国际法的发展保持一致，使国内法

---

① Constitution of the Republic of Poland，载 http：//heinonline.org/HOL/Page? handle = hein.cow/zzpl0009&collection = cow，最后访问时间：2015 年 5 月 15 日。

持续地、自动地符合国际法律标准，消除一些国家拒绝或者消极地将国际条约转化为国内法从而影响条约实施的现象。[①] 这有益于提高国际法的效力及其重要性。个人直接援引条约也能够增加条约适用的效力。

（2）更好地促进缔约方履行条约义务。如果各国在条约基础上达成共识直接适用条约，即各国自愿在条约中明确规定将在国内直接适用条约，必然有利于更好地落实条约义务。但是这种条约中约定直接适用的方式，只能在采纳入方式的国家中采用，采转化方式接受条约的间接适用，就无法做到，因为其国内程序不允许这样做，比如英国，英国间接适用条约，其条约的基本制度和条约的制定程序不允许直接在国内适用条约。那么在条约中约定直接适用条约与英国的条约适用制度相冲突，即使条约在国际层面上生效，英国国内也无法实施该项规定。

（3）条约直接适用可以更好地促进条约主体履行该国在条约项下的义务，一国给予条约直接适用可以提高国际法的重要性。条约直接适用，将条约的内容直接全面执行，在最大程度上保持了条约的原貌，可以尽量避免二次立法会将条约内容“打折扣”。

（4）条约直接适用在操作方面也简单易行，直接将条约在国内实施，不需要另行使用过多的立法技术。在程序方面，条约不用通过国内立法机关的二次立法，因而可以直接在国内得到快捷的适用。

直接适用条约有利于使国际法在国内得到更好的适用，有利于提高条约的权威和效力，但一国在国内适用条约时需要多方衡量，且即使是希望条约在国内更好的适用，也不愿贸然地采取直接适用的方式。这与条约直接适用的劣势也是紧密相关的。

（1）在法律体系不完善的情况下直接适用条约，有可能使行政权

---

① John H. Jackson, Status of Treaties in Domestic Legal System: A Policy Analysis, American Journal of International Law, 1992.

力过度外溢而对国家政治体制的平衡造成伤害。[①] 国家加入和缔结条约是该国在考量国家利益、国际关系等因素后作出的国家行为，但各国的法律环境和法律发展各不相同，有的国家已建立起相对完善现代的法律体系。有的国家的国内法律体系仍处于不完善和落后的状况。将条约在国内直接适用，对于这些法律体系尚不完善的国家来说，具有技术上的难度。在这种情况下，直接适用条约就不但不利于条约的执行，相反可能对其国内法律体系造成混乱和破坏。引起条约与国内法律体系的冲突。

（2）条约直接适用可能导致一国更容易违反其在国际条约中所作的承诺或者人权条约项下所承担的义务。比如在人权条约适用的问题上，一些国家缺乏根本的动力去遵守此类条约或规范，如果允许条约在国内直接适用，那么是否违反条约项下所应该承担的义务就极易作出判断，缔约国容易被指责违反条约义务或要求其承担国际责任。为避免此种情况，最好的方式就是不允许条约在国内直接适用。一些国家的条约实践印证了以上分析，如美国在宣布批准国际人权条约时会附带声明人权条约是非自动执行条约，从而排除其直接适用，需要国内专门立法后才能适用。[②]

再如 1994 年《阿根廷宪法》将九项人权条约采取纳入的方式接受进国内法，在起草过程中，本来是要规定人权条约的直接适用问题，后来公布的正式的宪法文本中却删除了这一规定，最终也没有规定条约在国内的直接适用，而是将条约是否可在国内直接适用问题采取不置可否

---

① 梁西：《国际法》，武汉大学出版社 1993 年版，第 40 页。

② M. Shah Alam, Enforcement of International Human Rights Law by Domestic Courts in the United States, Annual Survey of International and Comparative Law, 2004.

的态度。[1]

(3) 一些国际条约规定较为原则，不适合直接适用。也有一些国际条约内容很抽象，规定不明确缺乏直接适用的可操作性，这样的条约都不适合采用直接适用的方式。

(二) 条约间接适用的优劣势分析

在国内，采取间接适用的方式适用条约，司法机关适用的是根据条约制定的国内法，国家选择这种方式适用条约，除去国内法律制度规定及历史等原因外，还因为条约间接适用方式有以下优势：

(1) 条约转变为国内法在一国适用有利于一国将其履约责任和本国法律体系更好地融合，使条约的适用更加匹配一国的法律制度和法律环境，使履约立法与国内法律制度稳妥衔接。首先，在使用的语言上，对于没有适用本国语言的条约，经过国内立法，将条约的语言转为本国语言，利于条约在国内的适用。其次，条约中出现的不属于本国法律概念的用语，在立法过程中予以解释和本土化，[2] 有利于司法机关更加顺畅的适用条约。

(2) 在政治体制方面，条约的缔结权由政府机关行使，而立法由立法机关行使，条约的间接适用，由立法机关统一对批准的条约进行二次立法，从而避免了政府机关缔结的条约直接适用造成的行政机关实际行使立法权的状况，有利于国家政治体制更加有序的运作。

(3) 从适用国的立场上来说，间接适用条约有利于国家在条约的适用上掌握一定的主动权。直接适用条约，则条约在该国就具有了直接

---

① Janet Koven Levit, The Constitutionalization of Human Rights in Argentina: Problem and Promise?, Columbia Journal of Transnational Law, 1999.

② John H. Jackson, Status of Treaties in Domestic Legal System: A Policy Analysis, American Journal of International Law, 1999.

的效力，个人可以直接援引条约来主张自己的权利，国际社会对该国是否违反条约义务也非常易于判断，为避免造成违反条约的后果，各国更愿选择间接适用条约，这样对于条约在国内的执行有一个缓冲，减少国家违反条约义务承担国际责任的风险。

（4）间接适用条约，将条约内容转变为国内法，在一定程度上有利于条约的执行。已经转为国内法的条约，无论在形式上还是内容上都已经属于国内法，司法机关在适用该法时与适用其他的本国法一般无二，在这种情况下，相较于根据条约审判案件，司法机关根据本国法审判案件往往更加具有自信感和熟悉度。从而减少因对条约内容的不够熟悉而产生的适用困难。

（5）条约的规定原则性、模糊，不具有可直接适用的条件时，根据条约制定或修改国内法，将条约的内容具体化、明确化之后在国内实施。对于条约目的的实现及条约义务的履行都是有益的。

但是，条约间接适用也有其无法避免的劣势：

（1）条约转变为国内法受到国内立法水平和法治环境的局限，同时，政府部门可以在条约转化为国内法过程中，施加各种影响，使国内法偏离条约规定，导致转变的国内法与国际条约规定不相符。容易使得国内立法与条约内容之间产生差异，或者产生履约立法不全面的情况，履约的程度也容易被“打折扣”，条约的执行效果会受到影响。

（2）条约均采取间接适用的方式执行，会大大加大国内的立法任务，是条约履行过程中，增加的一层困难，会出现已经批准的条约，由于没有及时进行立法，延迟了条约适用的时间，甚至会出现一些极端情况，造成条约已经批准但因为没有转变为国内法迟迟无法适用，条约被束之高阁。[1] 在这种情况下，条约间接适用缺乏便捷性和时效性的缺点就被凸显出来。

(3) 从条约履行和条约义务实现的角度来说，间接适用给国家适用条约更多的余地和回转的空间，很多学者反对扩大使用条约的间接适用，建议对条约的间接适用范围做出严格限制，有的学者甚至认为只有宣战的条约才可以是间接适用条约。[2]学者们之所以反对扩大使用条约的间接适用，也是为了避免缔约国利用间接适用这种方式来逃避条约义务或不严格履行条约义务。

二、影响条约适用方式选择的因素

(一) 国内法律制度

条约在国内的适用，归根结底是一国国内行为，对条约适用方式作出选择最重要和最直接的影响因素当然应是该国国内法律制度的规定。不同的国内法律制度对条约适用方式的选择也不相同。

如英国对条约的接受方式采取转化的方式，在条约的适用方式上是间接适用。条约签订并经英国国王签署之后，必须经过国内立法才能够在国内适用。如此适用条约与英国国内法律制度密切相关。英国是君主立宪制国家，议会享有立法的垄断权。议会在立法方面享有最高的权威性，在立法方面英国其他的国家机构都不能和议会相抗衡，法院在审判案件时应该以议会的立法为准，不能够越过议会的规定直接适用条约或解释条约。在这种法律框架下，条约在英国的适用方式采取间接适用就

---

① 曾令良：《WTO 协议在我国的适用及我国法制建设的革命》，载《中国法学》2000 年第 6 期。

② Jordan J. Paust, International Law, Dignity, Democracy, And the Arab Spring, Cornell International Law Journal, 2013 (1).

是必然的了。

再如美国，美国宪法的规定确立了条约在美国采取纳入的接受方式，这就为条约在美国采取直接适用和间接适用相结合的条约适用方式奠定了基础。排除了条约在美国全采取间接适用的情况。美国最早的条约适用制度是沿袭英国的制度，因立法的拖延等原因，条约在美国的适用遭遇困难，一再地造成违约的情况，在这样的历史背景下，美国在制定的1787年宪法中确立了现在的条约适用制度。即在总体纳入接受条约后区分直接适用和间接适用的条约制度。很多国家效仿美国，在国内建立了的相似的条约适用法律制度，如荷兰、瑞士、法国等。

可见，一项条约在国内是采取直接适用还是间接适用，首先由该国关于条约适用的国内法律制度决定，一国国内法律制度对于条约最终是采取直接适用还是间接适用起着决定性的作用。在合乎本国条约适用法律制度的前提下，再考虑其他因素对条约采取直接适用还是间接适用的影响，特别是对于采纳入接受方式的国家，在将条约纳入其本国法后，再如何区分条约是直接适用还是间接适用。

（二）条约的种类

李浩培先生对于条约如何区分直接适用和间接适用曾作出概括。[①] 根据李浩培先生的总结，条约适用方式的选择还应该考虑条约的种类的问题。

---

① 李浩培先生认为：区分直接适用与间接适用条约的理由包括：有些条约明文规定缔约国须以立法予以执行，在这种情况下，缔约国以补充立法执行该条约，是他对从条约本身承担的义务；有些条约，如同盟互助条约，是政治性的，其所规定的权利义务，原则上只涉及缔约国政府本身，而与自然人和法人无关，所以把这类条约的效力扩大于自然人和法人，就需要另以补充立法予以规定；有些条约的规定只是大纲性的，不够详细和精密，所以也须以立法作补充规定；有些条约所用的语文不是本国语文，需要译成本国语文，并以法律予以公布。李浩培：《条约法概论》，法律出版社1987年版，第386页。

根据条约规定的事项将条约划分为不同的条约类型。国际上对于条约的种类没有一个统一的分类方法，实践中各国可依不同的标准做不同的分类，不同类别的条约在其适用方式上也有区别，在条约适用方式上有明显区别的条约分类有以下几种。

1. 立法性条约与契约性条约

奥本海认为，可将条约分为两类："一类是为了在相当多的国家之中订立一般行为规则而缔结的，这类条约可以称为造法性条约；另一类是为了任何其他目的而缔结的条约，即契约性条约。"① 德国学者特里派尔认为立法性条约与契约性条约有着根本的区别。契约性条约不是国际法的渊源，也就不必讨论其适用方式的问题。在国内得到适用的条约限于立法性条约。

2. 规定国际事项的条约与规定国内事项条约

国际条约首先是调整国家之间的权利义务关系，条约被一国接受为国内法后，即成为一国国内法律体系的一部分。即接受使得在国际上调整国家间权利义务关系的条约转变为调整个人之间或者个人与国家之间关系。条约的履行存在两套机制：国际履行机制和国内履行机制。从条约的内容上可以将条约分为规定国际事项的条约与规定国内事项条约，规定国际事项的条约如联盟条约、军备控制条约、边界划界条约、政治合作条约等。这类条约虽然会影响到国内个人的利益，但不直接涉及个人的利益。这类条约的内容也是调整国家之间的权利义务关系，条约的履行、条约的违约救济都在国家之间进行，条约的执行只需停留在国际法层面，无须在国内执行，而条约的国内适用主要是关于条约在国内层面的执行问题，所以，这一类条约不存在适用方式的问题。

---

① ［英］奥本海：《国际法（上卷）》，王铁崖、陈铁强译，商务印书馆1971年版，第311页。

规定国内事项的条约，比如，人权条约、刑事条约、引渡条约、航海条约、渔业条约、商法条约、贸易条约、投资条约、金融条约、税务条约、私法条约、冲突法条约、知识产权条约、移民条约、劳动条约、社会保障条约、通讯条约、运输条约等，这些条约的内容与个人[①]的权利义务密切相关，需要在国内区分直接适用或间接适用。

3. 公法性条约与私法性条约

这是由武汉大学肖永平教授提出的一种条约分类方法。公法性条约是指以创设国家行为规范为宗旨的条约，以国家的行为作为约束的对象，但通过约束国家的行为却可使私人的利益受到影响；私法性条约规定相对具体，直接赋予当事人具体的权利义务，可以在国内法院直接适用。[②] 公法性的条约不直接赋予当事人具体的权利义务，并且规定比较抽象，因而不适合直接适用。如双边税收协定和军事同盟条约。而私法性条约适合采取直接适用的方式。比如，与公民利益联系紧密的《联合国国际货物销售合同公约》和《国际油污损害民事责任公约》等。[③]

（三）条约内容的要求

1. 条约对适用方式的要求

对于条约在国内的适用方式，有的条约在内容中提出了相关的要求，比如有的条约规定各国制定相应的法律以履行条约的义务。按照条约要求制定国内法在条约的适用方式上是间接适用条约。在这样的情况下，按照条约的要求制定国内法以使条约在国内适用，也是履行条约的

---

① 自然人、法人和非法人团体。

② 肖永平：《论国际私法条约在我国的适用——兼评〈中华人民共和国民法（草案）〉第9编第3条第1款》，中国国际私法学会2004年年会论文集，第18页。

③ 肖永平：《论国际私法条约在我国的适用——兼评〈中华人民共和国民法（草案）〉第9编第3条第1款》，中国国际私法学会2004年年会论文集，第18页。

体现。

2. 条约的可操作性

条约是否具有可操作性，是从条约内容的特征上来说的，一般来说，内容具体，具有可操作性，并且与公民个人利益有紧密联系的条约应是直接适用条约，应予以直接适用。内容的规定只是大纲性的，不够详细和精密，相对抽象，这样的条约不具有可操作性，需要加以立法，这类条约适合采用间接适用的方式。

3. 条约的规定是对政府部门的，而非司法部门

条约规定了缔约国应履行一定的义务，但这项义务的设定是对政府部门的，并不是针对司法部门的，如果这项条约要在法院执行，那么首先得经过立法机关对该条约进行立法。[①] 在这种情况下，条约的规定不能够被法院直接适用，需要国内立法，将条约规定的权利义务扩大到公民权利义务领域，这类条约归为间接适用类的条约。

第三节　中国条约适用方式法律制度构建

一、完善宪法关于条约适用的规定

我国现有宪法是沿袭了 1954 年《中国人民政治协商会议共同纲领》。而《中国人民政治协商会议共同纲领》在这方面的规定似乎是受到当时苏联法律的启发和影响。[②] 1918 年《苏联宪法》中只规定了

① Y. Iwasawa, The Doctrine of Self-executing Treaties in the United States, Virginia Journal of International Law, 1986 (26): 636.

② 秦晓程：《条约的国内适用——中国国内立法中的状况分析与思考》，载朱晓青、黄列主编：《国际条约与国内法的关系》，世界知识出版社 2000 年版，第 158~159 页。

“全俄苏维埃代表大会及全俄苏维埃中央执行委员会管理全国性的一切事宜即：……发行公债，缔结关税、贸易条约及财政协定”[①] 只规定了条约缔结主体，没有对于条约接受和条约适用的规定。1993 年《俄罗斯宪法》规定了条约是俄罗斯法律体系的重要组成部分，当国内法律与条约发生冲突时，以条约为准。[②] 这一规定将国际条约纳入俄罗斯国内法体系，规定了条约与国内法发生冲突时，适用国内法的规定。

从本书第二章内容可以看到，不仅俄罗斯，世界上多数的国家都在宪法中对条约在国内的接受和条约适用问题作出了规定，这是因为国家间交往日益增多，国际条约数量作为调节国与国之间交往的重要手段也出现大量增长。宪法是一国的根本大法，条约的接受和适用如果没有在宪法中予以体现，可能会导致实践中的混乱。所以通过宪法规定条约的接受和适用，是解决实践混乱的根本方法。因为通过单行法律和法规来规定条约的适用，只能规范在某一领域条约的适用，并不能以此类推出其他单行法律和法规没有做出规定的领域的条约的适用方式。反而可能造成不同领域在条约的适用方面不同情况的出现。[③]

因宪法对条约的接受和适用没有加以规定，条约优先适用的规定来源于法律法规的规定。在具体实践中出现不同的理解和操作。肖冰教授

---

① Constitution (Basic Law) of the Russian Socialist Federated Soviet Republic，载 http：//heinonline. org/HOL/Page? handle = hein. journals/intcon5&id = 488&size = 2&collection = journals&index = journals/intcon#488，最后访问时间：2015 年 12 月 7 日。

② 1993 年《俄罗斯宪法》规定：公认的国际法原则和准则和俄罗斯联邦签署的国际条约是俄罗斯联邦法律体系的组成部分。如果俄罗斯联邦签署的国际条约规定的规则与俄罗斯联邦法律规定的规则有不同之处的话，则以国际条约中的规则为准。Constitution of the Russian Federation，载 http：//heinonline. org/HOL/COWShow? collection = cow&cow_id = 342#，最后访问时间：2015 年 4 月 3 日。

③ 秦晓程：《条约的国内适用—中国国内立法中的状况分析与思考》，载朱晓青、黄列主编：《国际条约与国内法的关系》，世界知识出版社 2000 年版，第 159 页。

认为："以《民法通则》第142条条约优先条款为例，虽然都是条约优先适用，但在理论上却至少可以有三种不同的诠释，并反映于实践操作中的不同结果：第一种解释是认为该条约优先条款是缘于条约法体系凌驾于国内法之上的基础，即条约法是游离于国内法统一制度之外的一个具有更高效力层次的法律体系，按照这种理解的，该条款具有推广意义，不仅应适用于民法领域，其他部门法律也同样应当以此为据，目前，我国凡主张所有领域内条约均应优先适用的观点，基本都是以民法及其他单行法律的条约优先条款为法律根据的；第二种解释是民事领域的条约构成我国民法的组成部分，但具有国内民法中的最高效力地位，作为上位法得以优先适用，以这种方式理解，任何形式与类型的民事条约都将一概地优于国内民法加以适用，目前，我国理论与事务部门一般都是这样理解条约优先条款的；第三种解释是民事领域的条约构成我国民法的组成部分，其效力地位与国内民法相同，但它是作为一类有别于国内制定法的特别法而得以优先适用的，由此可见，在缺乏宪法性统一原则规定的前提下，任何一种解释似乎都是有理由的，但同时又都是不能令人信服的。"① 在宪法中增加条约接受和适用方面的规定，是解决条约在国内适用混乱状况的根本所在。对于宪法的修改应该在宪法中加入如下内容：

首先，国内对待条约的态度方面，我国宪法应首先表明尊重、信守条约的态度。在我国的宪法中写入此条，有利于在国际上表明我国的态度，树立我国尊重国际法和信守条约的国际形象，同时也给条约在国内的地位一个最高权威的明确规定。

其次，在宪法中明确条约经过批准生效后，就成为我国法律的一部

① 肖冰：《论我国条约适用法律制度的构想》，载《国际经济法论丛》，法律出版社2002年版。

分，规定条约是我国法律体系的组成部分，就将条约纳入了我国国内法的范围之内，将条约视为我国法律的一部分。即在条约的接受方式上采取纳入的方式。

最后，在条约的法律位阶问题上，应赋予条约低于宪法高于其他的国内法的地位，因为宪法是我国的根本大法，缔结的条约地位若是高于宪法，那么将可能动摇我国的立国之本，对国家主权和国家利益也可能会产生无法预计的损害。规定条约的地位高于国内法，可通过规定："当条约与国内法发生冲突时，适用条约的规定"来确定。在宪法中将这一规定予以确认并广而用之，是将条约适用归入规范有序的根本之法。

综上所述，在条约的接受和适用方面，我国宪法宜如此规定：我国尊重、信守条约，条约一经批准，就成为国内法律的组成部分。条约的法律位阶低于宪法，但当条约与其他国内法发生冲突时，适用条约的规定。如此一来，我国就通过宪法将条约的接受、法律位阶问题予以规定，对条约在实践中的适用就会有明确的法律依据，产生统一的指导作用，有利于解决条约接受和适用中的有关问题，完善相关制度。

二、建立区分直接适用与间接适用的条约制度

（一）建立区分直接适用与间接适用的条约制度的原因

如上所述，直接适用在实现条约目的方面具有显著的优势，操作也更加的简单，具有效率性，但我国的法律制度体系并不能"一刀切"全部直接适用所有的条约，这不符合我国的实际。间接适用相对具有稳妥的特质，有利于将条约的履行与我国的法律体系更好地结合起来，但全部采取间接适用方式适用条约，会造成立法任务的繁重，将大量的条

约全部一一进行立法易造成法制资源的浪费。因此，采取单一的直接适用或间接适用为我国的条约适用方式不仅有着较大的制度性障碍，同时也是不符合我国现实情况的。

与上文完善宪法关于条约适用的规定相结合，在条约的接受方式上采取纳入的方式，在条约适用方式上采取区分直接适用与间接适用条约制度，将直接适用与间接适用两种适用方式兼收并取，有利于避免全部采用直接适用或间接适用的缺点，兼顾条约适用的效率性和安全性，稳妥地将条约在国内落地。在间接适用条约的基础上，逐步扩大直接适用的范围，会是较好的一种选择。

另外，不同的条约对适用方式有不同的要求。部分条约会要求缔约国制定国内法以适用条约的规定。那么在这样的情况下，对条约采取间接适用方式就是一种必然选择。有的条约只是原则性的宣言，无法直接适用，只有通过国内立法转化方可适用。这时间接适用也就成为一种必然选择。

世界上很多国家采取了自动执行和非自动执行条约制度，正如李浩培先生所指出的："凡是把条约一般地接受为国内法的国家，实际上都有区别自动执行条约和非自动执行条约的必要"① 那些采取纳入的方式接受条约为国内法的国家，基本都采取了将条约区分为自动执行条约和非自动执行条约的做法，例如，荷兰、法国、德国、瑞士、墨西哥等国家。采取这种方式有以下优点：（1）对于缔约国来说，首先采纳入方式接受条约，表明了缔约国对本国缔结、加入的条约的遵守，表明了缔约国承担国际义务的诚意；（2）将直接适用和间接适用的优点吸收并用，可根据条约不同种类和特点选择合适的适用方式；（3）通过区分自动执行条约和非自动执行条约，国家可以根据本国的国情来决定条约

① 李浩培：《条约法概论》，法律出版社 1987 年版，第 392 页。

是否具有直接效力，在条约适用方面就取得了更多的主动权和自主权，提高条约在适用中的灵活性。比如，美国批准《公民权利和政治权利国际公约》时将公约第1~27条的规定宣布为非自动执行条款。这样就在同一个条约中有的条款是直接适用，有的条款为间接适用。将直接适用和间接适用细分到条款，充分体现了采取混合适用的灵活性。由此可见，这是顺应国际潮流和国际法发展趋势的做法，这一制度代表了当今世界先进的条约适用的立法模式。①

（二）建立区分直接适用与间接适用的条约制度的可行性

我国目前关于在国内法中允许直接适用的条约大体上属于国际民商事条约和国际海商事条约。这类条约的特点是内容规定具体，技术性较强，符合直接适用条约的特征。② 间接适用的条约大都集中在经济类、刑事类和拘束缔约国本身类的条约。③ 可见，我国国内对于条约适用的实践已经存在区分直接适用和间接适用条约的初步实践，虽然在国内还没有这方面的正式的提法，但已有良好的实践基础。

条约区分直接适用与间接适用的前提是在条约的接受方式上采取纳入的方式，我国虽未在法律中对我国的条约接受方式有明确的规定，但在具体的实践中采用的是纳入的接受方式。如1990年4月，中国代表在联合国禁止酷刑委员会上曾公开宣称条约在中国批准生效后，就具有

---

① 王勇：《条约在中国适用之基本理论问题研究》，北京大学出版社2007年版，第175页。

② 王丽玉：《国际条约在中国国内法中的适用》，载《中国国际法年刊》1993年。

③ 王丽玉：《国际条约在中国国内法中的适用》，载《中国国际法年刊》1993年。

法律效力。①

我国的机构设置和分工有利于建立区分直接适用和间接适用条约制度，我国宪法规定：全国人民代表大会及其常委会行使立法权，是我国的最高立法机关，由全国人大常委会来决定条约是直接适用条约还是间接适用条约具有最高的权威性。全国人大常委会通过立法的方式对直接适用和间接适用条约进行划分，有利于避免法律冲突，减少法律执行者不确定如何适用条约的情况。另外最高人民法院的司法解释可以作为条约是直接适用条约还是间接适用条约规定的补充，实践中有很多司法解释已经在这么做。这是在我国建立区分直接适用和间接适用条约制度的体制保障。

（三）中国区分直接适用与间接适用条约的主体及步骤

根据我国宪法，全国人大和全国人大常委会享有立法权，② 人大的职责是承担立法工作以及决定同外国缔结的条约和重要协定的批准和废除。同外国缔结条约和协定是国务院的职权，国务院和全国人大常委会应是区分条约直接适用和间接适用的主体。

区分直接适用与间接适用的步骤应为：国务院及其各部委是条约的签署和谈判部门，国务院及其各部委应对于条约的特征及条约是直接适用条约还是间接适用条约提出初步建议，国务院就条约该采取何种适用

---

① 联合国中国代表就中国政府提交的《执行〈酷刑和其他残忍、不人道或有辱人格的待遇或处罚公约〉的报告》作说明时说：“根据中国的法律制度，中国缔结或者参加的国际条约，要经过立法机关批准或国务院核准程序，该条约一经对中国生效，即对中国具有法律效力，我国即依公约承担相应义务。”王建文：《国际条约在中国法律体系中的地位》，载《法学研究》2010 年第 6 期。

② 根据现行宪法的规定，全国人大常委会和全国人大共同行使立法权，主要包括：制定和修改除应当由全国人民代表大会制定的法律以外的其他法律；在全国人民代表大会闭会期间，对全国人民代表大会制定的法律进行部分补充和修改，但是不得同该法律的基本原则相抵触。

方式的问题，向全国人大常委会提出建议，并由全国人大常委会作出最终的决定性意见。并以专门法律的形式予以公布。

之所以由全国人大常委会决定条约是直接适用还是间接适用，是因为区分为直接适用的条约可以在国内直接援引，间接适用的条约则需要在国内另行立法，使条约在国内直接适用是将条约作为国内法在国内实施，等同于在国内进行了立法的行为，因而由全国人大常委会行使这项职能最为合适。全国人大常委会决定同外国缔结的条约和重要协定的批准和废除，这一职权为全国人大常委会区分直接适用和间接适用条约提供了便利。

全国人大常委会每批准一个条约即应同时区分条约直接适用和间接适用并以单行法律的方式予以公布。这样有利于条约在国内适用方式明确化，减少适用混乱。

对于已经批准的条约应进行全面的梳理和分类，明确其条约适用方式。这项工作虽然工作量大，但并不可怕，我国有关机关已经清理了六千多件法律文件，并且对其中的相当一部分进行了修改或废除，为我国的法律法规与世界贸易组织的接轨创造了良好的条件，也为我国对已经缔结或加入的条约的“定性”工作树立了良好的典范。① 对我国已经批准的条约区分直接适用和间接适用，即使困难重重，也是势在必行，只有这样才能彻底地将条约的适用方式厘清，便于条约在国内的适用。

区分条约直接适用和间接适用需要面对实践中的多种新情况，许多已经实行了此项制度多年的国家，如美国也存在一些无法区分或者区分标准不明确的情况。由此，全国人大常委会需要不断地丰富理论、积累经验，以对条约适用方式作出正确的选择。

---

① 王勇：《条约在中国适用之基本理论问题研究》，北京大学出版社 2007 年版，第 178 页。

将条约区分为直接适用和间接适用后，我国的司法实践部门应提高关于条约理论和条约内容的了解，尤其应保障直接适用的条约在司法实践中的正确应用。

三、规范条约适用方式的补充——条约的参照适用

参照适用，其实行需要具备一些基础和前提条件。这些基础和前提条件决定了参照适用只是直接适用和间接适用的有益补充，而非取代。参照适用有其自身的优势，比如主动性，适用国法院可以根据需要，主动决定是否予以参照适用；比如灵活性，适用国只需根据需要参照适用条约的“有用”之处即可，而不必考虑条约所有内容；比如全面性，理论上，适用国可以参照适用所有其未缔结、未加入或未对适用国国内生效的条约，而不必考虑其他因素。参照适用的特点也决定了其不足之处，比如适用的碎片化、偶然性，导致适用标准的难以统一。对于我国而言，虽然法院在司法实践中已有参照适用的案例，但仍然存在一些问题。这些问题应从以下几个方面予以规范：

（一）通过立法明确参照适用条约的方式及法律地位

如上文所述，宪法未对条约的接受和适用作出规定。在实践层面上，我国采用的是直接适用和间接适用相混合的方式。而对于参照适用，由于其属于比较新的适用方式，只是在司法实践中存在这样的案例，没有任何法律法规对其进行规定和明确。尽管通过相关司法实践可以推导出我国条约的适用方式存在直接适用、间接适用和参照适用这样的结论，但这种推断性结论是无法与法律的明确规定相提并论的。而且这也造成了实践中一定程度的混乱。这种混乱状态，一是体现在如何区分条约的直接适用和间接适用没有一个明确的标准，尚未形成规范化和

制度化的适用模式；二是对参照适用的地位以及适用标准没有明确的规定。如果缺乏法律的统一规定，就不可能形成普遍性的参照适用原则，也会造成在不同领域参照适用不一致的结果。

所以说，通过宪法规定条约的地位和条约适用方式问题，并在法律中明确参照适用的法律地位，把参照适用作为直接适用和间接适用条约之外的第三种适用方式进行规范，明确参照适用是直接适用和间接适用的有益补充，既有利于完善条约在我国的适用方式，又能从根本上建立直接适用、间接适用以及参照适用相结合的条约适用模式。

（二）应对参照适用的启动标准及过程进行明确和规范

从我国目前的司法实践来看，参照适用的启动主要源于两种方式：一是因当事人的援引而启动；二是法院依职权启动。不管是哪种启动方式，都需要对启动标准进行明确。是不是只要当事人援引，法院就一定要启动参照适用？显然不是。那法院依职权主动启动参照适用的标准又是什么？主要看法院参照适用的条约内容是否能对我国相关法律规定起到解释和确认的作用，是否有利于明确当事人之间的权利和义务关系。只有符合这些基础条件，才可考虑启动参照适用的程序。

如上文所述，理论上，参照适用的范围可以是所有的条约，只要适用国非这些条约的缔约国、加入国，或这些条约对适用国而言并未生效。但实际上，参照适用条约的范围也应有所限制。参照适用的条约应是该领域具有较大国际影响的一般性国际条约，而对于特别条约的参照适用应予以慎重，除非当事人对特别条约而言有法律上的密切联系。对参照适用条约的具体内容而言，也应是被国际社会所普遍接受的概念、原则或习惯做法，有利于对我国国内相关法律规定起到解释和确认的作用。如果参照适用条约的具体内容尚处于发展阶段，并未被国际社会普遍接受，或者存有较大争议，那么其就不适合作为参照适用的具体内容。

从使用频次上而言，我国对条约的适用主要是直接适用和间接适用，参照适用从发生数量上而言只占少数。这是由参照适用的特点决定的。因此参照适用只能是直接适用和间接适用这两种适用方式的补充。参照适用，对司法机关而言是一种权利而非义务。司法机关既可以在条件满足时选择参照适用，也可以在条件不成就时拒绝参照适用，而不用担心违反相关国际义务。所以相对于直接适用和间接适用而言，参照适用具有较大的灵活性，有利于在我国缔结或加入的条约没有相关规定，或者国内法律规定不明确、不具体的情况下案件的解决。也正是因为参照适用的灵活性和便利性，所以需要对这种新的适用方式在立法上进行明确和规定，以免造成司法实践的不一致。随着科技、经济的发展，全球化的不断加强，条约的数量也不断增多。我国缔结或加入的条约数量虽然也不断增多，但相比总体而言，毕竟有限，这就给参照适用提供了现实基础和发展契机，所以参照适用也必将会随着全球化的发展起到越来越重要的作用。

参考文献

一、中文文献

1. 王勇：《论条约适用制度载入我国宪法》，载《江苏社会科学》2013 年第 2 期。

2. 吴迪：《WTO 规则在中国法院间接适用理论与司法实践评析》，载世界贸易组织动态与研究，2012 年第 3 期。

3. 徐光明：《国际私法条约在我国法院的适用》，武汉大学法学院 2012 年版。

4. 朱文奇、李强：《国际条约法》，中国人民大学出版社 2008 年版。

5. 曾宪义、王利明编：《国际条约法》，中国人民大学出版社 2008 年版。

6. 万鄂湘主编：《国际法与国内法关系研究——以国际法在国内的适用为视角》，北京大学出版社 2011 年版。

7. 粟烟涛：《法国在司法审判中直接适用条约的问题和经验》，载《欧洲研究》2010 年第 3 期。

8. 胡加祥：《一个学理与实践中的难题——条约与协议在美国的直接适用与间接适用机理分析》，载《太平洋学报》2012 年第 3 期。

9. 段洁龙主编：《中国国际法实践与案例》，法律出版社 2011 年版。

10. 黄志瑾：《经济全球化与中国转型发展——暨纪念中国加入 WTO 十周年研讨会综述》，载《世界贸易组织动态与研究》2011 年第 5 期。

11. 梁西主编：《国际法》，武汉大学出版社 2003 年版。

12. 王勇：《条约在中国适用之基本理论问题研究》，北京大学出版社 2007 年版。

13. 黄异：《国际法在国内法领域中的效力》，我国台湾地区元照出版有限公司 2006 年版。

14. 宣增益、王延妍：《我国法院对〈联合国国际货物销售合同公约〉的适用》，载《载法学杂志》2012 年第 5 期。

15. 张进先：《涉外商事海事案件判决书的特点》，载中国法院网：http：//www.chinacourt.org/article/detail/2003/12/id/176936.shtml，最后访问时间：2015 年 4 月 18 日。

16. 肖扬：《最高人民法院工作报告——2003 年 3 月 11 日在第十届全国人民代表大会第一次会议上》，载 http：//www.law-lib.com/fzdt/newshtml/20/20050710161050.htm，最后访问时间：2015 年 6 月 23 日。

17. 高秀东：《国际刑事条约在中国的适用》，中国人民公安大学出版社 2012 年版。

18. 王西安：《国际条约在中国特别行政区的适用》，广西人民出版社 2006 年版。

19. 李兆杰：《条约在我国国内法效力若干问题之探讨》，中国对外翻译出版公司 1994 年版。

20. 姚梅镇：《外商投资法教程》，法律出版社 1994 年版。

21. 陈卫东：《论美国对自动执行和非自动执行的区别》，载《法学评论》2009 年第 2 期。

22. 万鄂湘、石磊：《国际条约法》，武汉大学出版社 1998 年版。

23. 赵建文等主编：《国际法新论》，法律出版社 2000 年版。

24. 李步云主编：《法理学》，经济科学出版社 2000 年版。

25. 管建强：《论涉及私权益的国际人权条约在我国的适用》，载王虎华、丁成耀、刘宁元主编：《当代国际法论丛》，上海人民出版社 2004 年版，第 45 页。

26. 刘炎：《论 WTO 规则的法律属性》，载《甘肃政法学院学报》2004 年第 2 期。

27. 万鄂湘、孙焕为：《多边商贸条约在中国的适用（二）》，载《中国对外贸易》2001 年第 8 期。

28. 张琰等：《专访最高人民法院涉外法庭庭长刘贵祥》，载 http://www.chinadaily.com.cn/zgrbjx/2010-12/18/content_11727442.htm，最后访问时间：2015 年 7 月 21 日。

29. 中华人民共和国外交部外交史编辑室主编：《中国外交概览（1988）》，世界知识出版社 1988 年版。

30. 余民才主编：《国际法专论》，中信出版社 2003 年版。

31. 周鲠生：《国际法》，武汉大学出版社 2007 年版。

32. 沈宗灵：《法理学》，高等教育出版社 1996 年版。

33. 任建新：《最高人民法院工作报告——1993 年 3 月 22 日在第八届全国人民代表大会第一次会议上》，载余民才主编：《国际法专论》，中信出版社 2003 年版。

34. 李浩培：《条约法概论》，法律出版社 2003 年版。

35. 王铁崖：《国际法引论》，北京大学出版社 1998 年版。

36. 薛淑兰编著：《引渡司法审查研究》，中国人民公安大学出版社2008年版。

37. 肖扬：《必须努力做好入世的涉外案件审判工作》，载http：//sinolaw. net. cn/news/yaowen/11/21/ywo4. htm，最后访问时间：2015年12月15日。

38. 高晓力：《关于适用涉外民事关系法律适用法若干问题的解释（一）的理解与适用》，载《人民司法》2013年第3期。

39. 万鄂湘、孙焕为：《多边商贸条约在中国的适用（一）》，载《中国对外贸易》2001年第6期。

40. 陈弘毅等合编：《香港法概论》，三联书店1999年版。

41. 吕宏：《论国际条约在美国的司法执行》，载中国期刊全文数据库博硕士论文，2003年。

42. 唐书瑾：《国际条约在中国法律体系中的地位》，载中国优秀硕士学位论文，2010年。

43. 中华人民共和国中央人民政府网：http：//www. gov. cn/gongbao/content/2002/content_63361. htm，最后访问时间：2015年10月23日。

44. 李群：《WTO协议国内适用法律问题研究》，载中国知网优秀博硕士论文数据库，2002年。

45. 余敏友、陈卫东：《欧共体围绕WTO协定直接效力问题的争论及其对我国的启示（二）》，载《法学评论》2001年第4期。

46. 王勇：《论国际民商事条约在中国的适用方式及其完善对策》，载《华东师范大学学报》2011年第6期。

47. 中国人大网：http：//www. npc. gov. cn/wxzl/gongbao/2000-12/26/content_5001957. htm，最后访问时间：2015年11月24日。

48. 《中华人民共和国政府在〈禁止化学武器公约〉第一次审议大会上提交的履约报告（2003 年 12 月 23 日）》，载外交部网站：http：//swedenembassy. fmprc. gov. cn，最后访问时间：2015 年 11 月 24 日。

49. 《中国代表团团长李保东大使在禁止酷刑委员会审议中国第四、五次履约报告会议上的介绍性发言》，载外交部网站：http：//www. mfa. gov. cn，最后访问时间：2015 年 11 月 24 日。

50. 秦晓程：《条约的国内适用——中国国内立法中的状况分析与思考》，载朱晓青、黄列主编：《国际条约与国内法的关系》，世界知识出版社 2000 年版。

51. 秦前红：《新宪法学》，武汉大学出版社 2005 年版。

52. 肖冰：《论我国条约适用法律制度的构想》，载《国际经济法论丛》，法律出版社 2002 年版。

53. 陈永胜：《论条约的适用》，载《陕西省行政学院学报》2006 年第 5 期。

54. 曾令良：《WTO 协议在我国的适用及我国法制建设的革命》，载《中国法学》2000 年第 6 期。

55. 赵建文：《论国际法与宪法的效力关系》，载《时代法学》2004 年第 6 期。

56. 余先予：《论国际法与国内法的协调》，载朱晓青、黄列主编：《国际条约与国内法的关系》，世界知识产权出版社 2000 年版。

57. 王丽玉：《国际条约在中国国内法中的适用》，载《中国国际法年刊》1993 年。

58. 赵建文：《国际条约在中国法律体系中的地位》，载《法学研究》2010 年第 6 期。

59. 王虎华主编：《国际公法学》，北京大学出版社 2008 年版。

60. 肖永平：《论国际私法条约在我国的适用——兼评〈中华人民共和国民法（草案）〉第 9 编第 3 条第 1 款》，中国国际私法学会 2004 年年会论文集。

61. 外交部编：《中华人民共和国条约集·第十一集（1962）》，世界知识出版社 1963 年版。

62. 外交部编：《中华人民共和国条约集·第二十一集（1974）》，世界知识出版社 1981 年版。

63. 外交部编：《中华人民共和国条约集·第二十六集（1979）》，世界知识出版社 1983 年版。

64. 外交部编：《中华人民共和国条约集·第二十七集（1980）》，世界知识出版社 1984 年版。

65. 外交部编：《中华人民共和国条约集·第二十八集（1981）》，世界知识出版社 1984 年版。

66. 外交部编：《中华人民共和国条约集·第二十九集（1982）》，世界知识出版社 1987 年版。

67. 外交部编：《中华人民共和国条约集·第三十集（1983）》，世界知识出版社 1990 年版。

68. 外交部编：《中华人民共和国条约集·第三十一集（1984）》，世界知识出版社 1991 年版。

二、外文译著

1. ［德］沃尔夫冈·格拉夫·魏智通主编：《国际法》，吴越、毛晓飞译，法律出版社 2002 年版。

2. ［英］赫德利·布尔：《无政府社会：世界政治秩序研究》，张小明译，世界知识出版社 2003 年版，第 108 页。

3. ［英］马尔科姆·肖：《国际法》，白桂梅译，北京大学出版社 2011 年版。

4. ［日］寺泽一、山本草二主编：《国际基础》，朱奇武等译，中国人民大学 1983 年版。

5. ［英］哈特：《法律的概念》，张文显等译，中国大百科全书出版社 1995 年版。

6. ［意］马基雅维利：《君主论》，李蒙译，上海三联书店 2006 年版。

7. ［英］安托尼·奥斯特：《现代条约法与实践》，江国青译，中国人民大学出版社 2005 年版。

三、英文文献

1. David Sloss, Schizophrenic Treaty Law, Texas International Law Journal, 2007 (43).

2. John H. Jackson, The Jurisprudence of GATT and the WTO-Insights on Treaty Law and Economic Relations, Oxford: Cambridge University Press, 2000.

3. Antonio Cassess, International Law, Oxford: Oxford University Press, 2005.

4. Hugo Grotius, The Rights of War and Peace, Liberty Fund, Inc., 2005.

5. Romualdo P. Eclavea, Executory and self-executing treaties, American Jurisprudence, Second Edition, 2015.

6. Report of the OPCW on the Implementation of the Convention on the

Prohibition of the Development, Production, Stockpiling, and Use of Chemical Weapons and on their Destruction in the year 2000, C−VI/5 (17 May 2001) at. 5. 2.

7. United Nations Office on Drugs and Crime, Guide for the Legislative Incorporation and Implementation of Universal anti-Terrorism Instruments, 2006.

8. Giuseppe Cataldi, International Law and Domestic Legal Systems: Incorporation, Transformation, and Persuasion, Oxford: Oxford University Press, 2011.

9. Davis Sloss, Treaty Enforcement in Domestic Courts: A Comparative Analysis, in David L. Sloss, ed. The Role of Domestic Courts in Treaty Enforcement: A Comparative Study, Oxford: Cambridge University Press, 2009.

10. J. L. Brierly, First Report on the Law of Treaties, YILC. 1990.

11. Hobbes, Leviathan, Oxford: Oxford University Press, 1999.

12. M. Shah Alam, Enforcement of International Human Rights Law by Domestic Courts in the United States, Annual Survey of International and Comparative Law, 2004.

13. Rodrigo Yepes-Enriquez and Lisa Tabassi (eds.), Treaty Enforcement and International Cooperation in Criminal Matters, T · M · C · Asser Press, 2002: 372.

14. Council of Europe (ed.), Collected Edition of the Travaux Preparatories, 1952.

15. Jordan J. Paust, Self-Executing Treaties, American Journal Of International Law, 1998 (82).

16. Janet Koven Levit, The Constitutionalization of Human Rights in Argentina: Problem and Promise, Columbia Journal of Transnational Law, 1999.

17. Francis G. Jacobs, Shelley Roberts. The Effect of Treaties in Domestic Law, Sweet & Maxwell, 1987.

18. Carlos Manuel Vazquez, The Four Doctrines of Self-executing Treaties, The American Journal of International Law, 1995 (89).

19. Quincy Wright, National Courts and Human Rights—The Fujii Case, American Journal of International Law, 1951 (45).

20. Marjorie Whiteman, Digest of International Law, Government Printing Office, 1970.

21. Edwin F. Feo, Self-Execution of United Nations Security Council Resolutions Under United States Law, UCLA Law Review, 1976 (24).

22. Oscar Schachter, The Charter and the Constitution: The Human Rights Provisions in American Law, Vanderbilt Law Review, 1951 (4).

23. Stefan A. Riesenfeld, The Doctrine of Self-Executing Treaties and GATT: A Notable German Judgment, American Journal of International Law, 1971 (65).

24. Tim Hillier, Sourcebook on Public International Law, Cavendish Publishing Limited, 1998.

25. Restatement (Third) of the Foreign Relations Law of the United States 1987.

26. Tang ping-Hoi, Attorney General. HkLR, 1987.

27. Restatement (Third) of the Foreign Relations Law of the United States 1987.

28. Tel-oren v. Libyan Arab Republic. 726 F. 2d 774, D. C. Cir, 1984.

29. G. Fitzmaurice, First Report on the Law of Treaties, YILC. 1956.

30. Jonkheer H. F. van Panhuys, The Netherlands Constitution and International Law — A Decade of Experience, American Journal of International Law, 1964 (58).

31. L. Erades, The 1924 Brussels Convention on Bills of Lading is Non-Self-Executing, Netherlands International Law Review, 1969 (16).

32. Virginia A. Leary, International Labour Conventions and National Law: The Effectiveness of the Automatic Incorporation of Treaties in National Legal Systems, Martinus Nijhoff Publishers, 1982.

33. Y. Iwasawa, The Doctrine of Self-executing Treaties in the United States, Virginia Journal of International Law, 1986 (26).

34. H. Waldock. 5, First Report on the Law of Treaties, YILC. 1962.

35. Jordan J. Paust, International Law, Dignity, Democracy, And the Arab Spring, Cornell International Law Journal, 2013 (1).

36. UN Doc. /CRC/C/54, paras. 105 – 149; CRC/C/153, paras, 282–402.

37. Thomas Buergenthal, Modern Constitution and Human Right Treaties, Columbia Journal of Transnational Law, 1997 (36).

38. Louis Henkin, Foreign Affairs and the United States Constitution, Oxford: Oxford University Press , 1972.

39. Jacob W. F. Sundberg, A Uniform Interpretation of Uniform Law, 10 Scandinavian Stud, 1996 (225).

40. R. Keohane, After Hegemony: Cooperation and Discord in the World Political Economy, Princeton: Princeton University Press, 1984.

41. H. Lauterpacht, First report on the Law of Treaties, YILC. 1953.

42. Luzius Wildhaber, Treaty-Making Power and Constitution, Helbing & Lichtenhahn, 1971.

43. The Report of the Commission on Human Rights, UN. Doc. E/CN. 4/SR 236. 1951.

44. H. Morgenthau, Politics among Nations, McGraw-Hill, 1948.